榎本 秋

JN265050

戦国軍師入門

GS
幻冬舎新書
027

はじめに

軍師の活躍とはどのようなものだったのか？　多数を少数で破った派手な話から、地道な努力の積み重ねに始まる地味な話まで、様々な逸話が戦国時代の合戦を彩る。そんな中、二人の名将とそれに従う二人の名軍師が知略を戦わせた、実にド派手な合戦の物語が現代に伝わっている。それは第四次川中島の戦い――甲斐の名将・武田信玄と越後の軍神・上杉謙信が信濃を巡って川中島で繰り返した戦いの四度目、様々な伝説で彩られた合戦のことである。

この戦いにおいて謙信は妻女山《さいじょさん》に陣取り、対する信玄は海津《かいづ》城に兵を置いた。そして、まず動いたのは信玄だった。軍師・山本勘助が提案した「啄木鳥《きつつき》作戦」により、別働隊を派遣して妻女山の上杉軍を山の下に攻め落とし、そこを自分の率いる本隊で迎え撃とうと企んだのである。

ところが、霧の立ちこめる中、待ちかまえていた武田本隊の前に現れたのは、準備万端の上杉軍だった。なんと謙信の軍師・宇佐美駿河守《するがのかみ》は勘助の作戦を完全に読み切り、先手を打って兵力を分割した武田軍を各個撃破しようと企んだのである。

勢いに乗る上杉軍は武田軍を圧倒する。特に謙信は自ら馬を駆って武田本陣に攻め込み、信玄と一騎打ちまで演じてみせた。だが、そこに援軍が到着する。作戦を逆手に取られたことに気付いた勘助たち別働隊が急ぎ妻女山を経由して駆け付けたのだ。さて、戦いの決着はいかに――。

この第四次川中島の合戦は戦国時代を代表する二人の名将の戦いであり、同時に有名な二人の（実は実在が危ぶまれている）軍師の知略を駆使した戦いである。では、彼ら軍師たちの活躍は他にどのようなものがあったのか？　それを紐《ひも》解くのが、本書の役割である。

軍師たちが活躍した戦国時代は、日本の各地で大小さまざまな勢力争いが起きていた戦乱の時代だ。鎌倉時代以前から力を持っていた公家や寺社という旧勢力と、鎌倉時代・室町時代と武家政権の時代を経るにしたがって力を蓄えてきた武士が激突し、最終的に武家による絶対的な支配政権である江戸幕府が誕生したのがこの時代だった。だから、武士や公家・僧侶だけでなく、様々な身分の者たちが活躍して、とても魅力的な時代だ。そんな戦国時代を「軍師」というキーワードで読み解いていこう、というのが本書の目的なのである。

今の資本主義の企業社会も戦国時代も、「武力を用いるかどうか」という点を抜かすと、実際に行われていることはとても近い。会社の売り上げを増やし、コストカットと組織のシステム作りを行い、拠点を増やしていくというのは、戦国大名が、城（拠点）を増やし、経済活動を行い、家臣団を整備していくことと、本質的には同じことなのだ。また、大名は企業グループの総帥、というように見ることもできる。その下に大小さまざまな企業が傘下として加わっている様は、大名の下に有力な豪族や将が従っているのとよく似ている。

以上のようなことを視野に入れつつ、戦国時代の勢力構造の中で軍師たちがどのように生きて、そして活躍したのかを見ていくのが本書の内容になる。

さて、本書は全体で三部からなりたっている。まずは、そもそも軍師とは何者か？　そして、戦国時代の勢力とはどうなりたっていたのか？　ということを説明する。次に、戦国時代の花形であり、勢力拡張の主要な手段だった合戦の中でも、特に軍師が主導的な役割を果たしたものを紹介する。最後に、実際にどんな軍師がいて、彼らはどんな活躍をして、どんな生涯をすごしたのかの実例を見ていこう。

戦国軍師入門／目次

第一部 戦国軍師とは何者か

軍師、と言われてまず最初に連想されるのはどんな人物だろうか？　本陣にいながら戦場の様子を全て把握し、様々な策略を練って味方の戦力を倍に、敵の戦力を半減させ、時には超常的な術まで使って不可能を可能にする——例えば『三国志演義』に登場する諸葛亮《しょかつりょう》のような、天才的な策略家のイメージが強いのではないだろうか。

たしかに日本の戦国時代に活躍した軍師たちも、軍学に基づいて様々な作戦を立案し、合戦の最中には兵の動かし方やそのタイミング、敵の思惑について主君に進言する役割を担っていた。しかし、実は彼らには作戦を考えるよりももっと大きな仕事があった。「戦争は始まる前に終わっている」という言葉がある。戦場で実際に兵士と兵士が対峙するより前に、兵力の確保や物資の充実、敵側戦力の切り崩しといった前工作が終わっていて、戦場での動きではこうした差はなかなか取り返せない、という意味だ。そして、こうした事前の工作こそが、戦国時代の軍師たちの大きな役割だった。

中でも、敵側戦力を削っていくのは彼らの最大の見せ場と言ってもいいだろう。ある時は有力な敵武将に自ら接触して味方側に引きずり込み、またある時は兵糧攻めなどの作戦を計画して敵兵の士気を失わせ、より犠牲が少なく敵を倒せるように準備を整えていくのだ。

この他にも、味方側の士気を高めたり、自分たちに有利な場所に相手を誘い込んだりと合戦前にできることはたくさんある。また、築城や工事といった専門的な技術を見込まれて軍師となるものもいたようだ。城を攻める際にも、自分の領地を守る際にもこうした技術は必須だったから、技術を持っている者たちはスペシャリストとして大いに厚遇されたのである。

そして、こうした軍師たちの活躍のバックボーンにあるのは、戦国時代における武士勢力のあり方と合戦の仕組みそのものだった。第一部で見ていくのはそうした戦国時代の構造についてだ。

絶対的権力者ではなかった戦国大名

半農半兵だった戦国武士

さて、戦国時代の各勢力の構造はどうなっていたのだろうか？　時代劇などのイメージからすると幕府を頂点に大名と旗本がいて、武士たちもその上位者に絶対の忠誠を誓っている、というイメージがあるかもしれない。また、士農工商という身分制度が伝わっているように、身分もきちんと固まっていたと思うかもしれない。

しかし、実際は違った。戦国時代にはまだ明確に武士と農民の身分が分かれていなかったのだ。当時の農村の農民というのは、戦争の際にはイコール兵士だった。そして、その村を束ねる村長的なポジションにいる人物がその部隊の長となるのだ。そして、そうした村をいくつも支配している人物が豪族などといわれて力を持っていた。その豪族こそが、武士だったのである。

つまり、当時の武士とは各農村の支配者であり、いわば地元の小勢力ともいうべき存在だったのだ。彼らは、一族やその家臣団で一定地域を支配し、その支配権を大名に認めてもらっていた。そしてそのお礼として、拠点の警備などの軍役を果たしたのである。

また、通常の軍役ではなく、合戦に参加することは彼らにとっても大きなメリットであった。合戦で手柄を立てれば、恩賞として新たな支配地を与えられる可能性があったからだ。しかも、そうして新しい領地を得なくてはいけない事情もまたある。

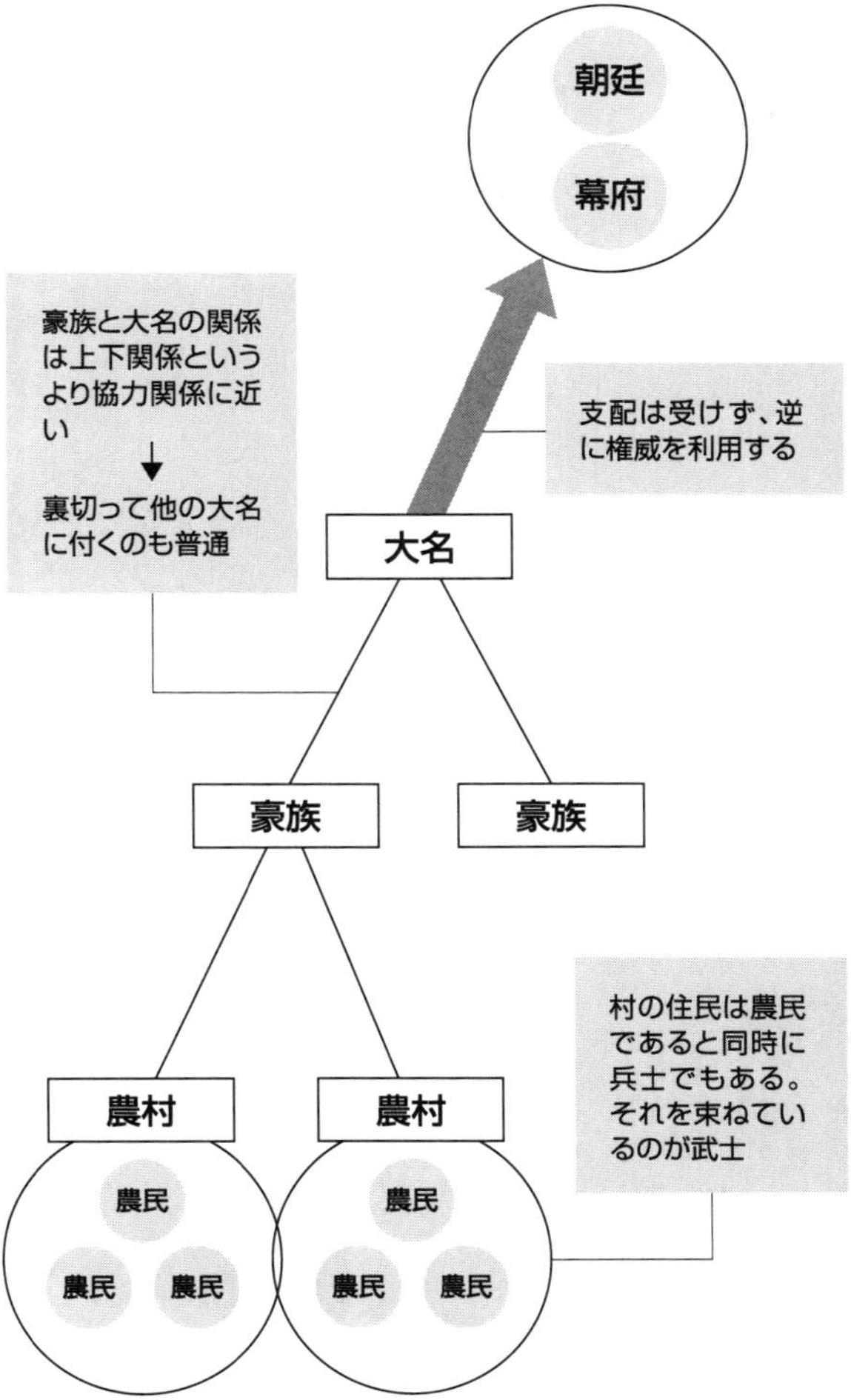
朝廷
幕府
豪族と大名の関係は上下関係というより協力関係に近い
↓
裏切って他の大名に付くのも普通
支配は受けず、逆に権威を利用する
大名
豪族
豪族
村の住民は農民であると同時に兵士でもある。それを束ねているのが武士
農村
農村
農民
農民
農民
農民
農民
農民

当時は戦乱の世であり、医療技術の問題や事故などで生まれた子供が死ぬことも多かったから、一族を残すためにたくさんの子供を作らなくてはいけない。しかし、跡取り以外は与えられるだけの土地がない状況も当然ながら起きてしまう。そのためにも、合戦で活躍して今の領地を広げたり、次男以下が新規取り立てで家を興すことが必要になってくるのだ。

もっとも、農民である以上、平時は農業にいそしんでおり、当時は農繁期には軍団を動かせないのが常識だった。豪族が「今が好機だ！」と思っても、季節によっては兵士たちが農作業をしているために動員できないのだ。もちろん、何度かは無理して動員できても、それをやればやるほど農地が荒れていき、当時の収入の根源である農作物の収入が減っていくから、そうそう無茶もできなかったのだ。

さらに、そういう状況だったから、当時の城の周りには必ずしも城下町が形成されていたわけではなく、武士たちは自分たちの支配地に屋敷を構えて、大名から命令が下ると農民を動員して三々五々集合地に向かうという構造だったのだ。

こうした構造に風穴を開けたのが織田信長だった。彼は武士たちを農村から引き離し、

従来の兵士

普段は農民 → 合戦が起きると、農村から動員される。武器防具の類はこの時に貸し出されることが多い

特徴

基本的に農業の方が優先されるため、
農繁期には動員できない
↓
合戦を行える時期が限定される
あくまで農民なので、特殊な兵器の扱いは不慣れ

⇩

信長らの常備軍

専業兵士 → 合戦の際に動員されるのは同じだが、住んでいるのは城下町

特徴

農業と切り離されているため、
季節に関係なく兵士が動員できた
↓
いつでも合戦が起こせた
火縄銃などの兵器を使うための訓練をほどこすことができる

自分の居城の近くに住まわせた。さらに、専業の兵士を導入し、自在に軍団を動かせるようになったのだ。こうした構造改革は多くの戦国大名の手で実践されたが、そうでない例もある。四国を制圧した長宗我部元親《ちょうそかべもとちか》の主戦力となったのは「一領具足」といわれる文字通り戦道具一式をもった半農半兵の人々だった。

上への忠誠より一族の保護

戦国時代の一国は専制国家ではなく複数の豪族の寄り合い所帯であり、大名はそうした豪族たちが担いでいるお神輿《みこし》で象徴のようなものだった。

だから当時、大名に忠誠を尽くすことは必ずしも一番大事なことではなかった。それより、各豪族はその後ろに自らの一族と家臣団を抱えているので、彼らを食わせていくことが一番だったのだ。

そのためには自分の領地を確保し、あわよくばそれを拡大していくことが必要だったから、時にはたやすく味方する大名を変えることもあった。そしてそれは別に悪いことではなかったのだ。かといって、しょっちゅう裏切りばかりしていると当然信用されなくなるのは今も昔もそう変わらないが。

つまり大名は、常に自勢力を形成する豪族たちに、自分に従っているとメリットがあるのだと思わせ続けなければいけなかったのだ。逆に、そうしたメリットがなくなると櫛《くし》の歯が欠けるように豪族たちは離反していってしまうのである。

こうした中で大事な行事が跡取りの選定と合戦だった。なんといってもこの二つが、その大名に従っていてよいのかを示すとてもわかりやすい指標だったからだ。ここではまず、跡取りのことについて触れていこう。

跡取りは基本的には、正室（正妻）の長男に継がせたが、状況によっては必ずしもそうはならなかった。例えば有名な戦国大名の中だと、武田信玄と伊達政宗はともに正室の長男でありながら、次男に家督《かとく》を奪われそうになった。両者とも家臣団をきちんとまとめあげて自分の勢力を確保したが、こうした御家騒動が起きると、その勢力は一気に力を失う危険性がある。内紛を繰り返す大名はすぐに部下や豪族に見放されてしまうものなのだ。

その顕著《けんちょ》な例が伊達家だ。東北地方の名家の中でも着実に勢力を伸ばしていった伊達家は、婚姻と養子政策を繰り広げ、いったんは東北で一番の勢力になる。ところが、家督を巡る争いが二代続けて起きてしまい、ついには本来の領土を守ることすら危ない状況にまで落ちぶれてしまったのだ。そこで、三度繰り返してはいけないと政宗の父輝宗《てるむね》は早々に隠居し、政宗に家督を譲ったのだった。もし、この時にまたもや争いがあれば、後の江戸時代を代表する大藩・仙台藩はなかったかもしれない。

また、正室の長男だからいいというわけでもなく、そこにはある程度の手腕を要求された。一代で国を盗ったといわれる斎藤道三は隠居後にその子の義龍《よしたつ》によって討たれたが、義龍が優れた手腕を示したために、それによって斎藤家の権勢が揺らぐことはなかった。しかし、その後を子の龍興《たつおき》が継ぐと、彼が悪政を行ったために有力な豪族は一気に離反したのだ。

他方、当主が凡庸でも補佐役がきちんとついていると勢力は揺らがない。その良い例が毛利氏だ。一代で中国地方に大勢力を築いた毛利元就の後を継いだのは、それほど優秀とは周囲から思われていない、凡庸《ぼんよう》な孫の輝元だった。しかし、他家に養子に行って「毛利の両川《りょうせん》」と謳《うた》われた吉川《きっかわ》、小早川のふたりの叔父が強力にサポートしたため、その巨大な勢力を失わずにすんだのだ。毛利家が勢力を大幅に減らしたのは、叔父二人が世を去った後のことだった。

課題は権力基盤の確立

それでは、豪族たちをまとめた寄り合い所帯である武士勢力のトップ、戦国大名とはどういうポジションだったのだろうか？

基本的には、戦国大名というのはそういう豪族たちのリーダーということになる。戦国大名自体も支配地を持ち、さらにリーダーとして豪族たちをまとめつつ、その勢力自体を運営していくという形になる。ここで気をつけるべきことは、大名たちの多くが絶対的な権力や発言力を持つ支配者ではなく、その勢力の中で比較的力が強いまとめ役に過ぎなかった、ということだ。

戦国時代の序盤、元々この地位にいたのが、守護といわれる各国の支配権をゆだねられていた名門武士だった。彼らは中央（幕府）に任命された守護という地位の権威で、豪族たちを支配したのだった。しかし、彼らの大多数は乱世の色が濃くなるにつれて、部下に取って代わられるなどで支配力を失っていく。これが下克上といわれるものだ。

この時代、守護代として守護の代わりに勢力を培っていたものが守護に成り代わるか、地元の豪族が勢力を増してやがて守護に取って代わるというのが、戦国大名に成り上がる二大パターンだった。前者の例だと、織田氏、朝倉氏、上杉（長尾）氏など、後者の例だと徳川氏、毛利氏、浅井氏、長宗我部氏などを挙げることができる。

下克上の戦国の世といっても、一から勢力を作ることは難しかったようで、そうした意味で一から関東に勢力を植え付けた北条氏というのは稀有《けう》な例だといえる。逆に古い時代からの守護で江戸時代まで勢力を保てたのは、南九州の島津氏や伊達を始めとする東北の諸大名ぐらいのものだった。

しかし、こうしたリーダー的な立ち位置のままでは、どうしても支配力に不安が残る。そこで多くの戦国大名たちは自分の権力基盤を確立させていき、絶対的な権力者になろうと試みていった。のちに述べるように人質を取ったり、もしくは有力な豪族に自分の妹や娘を嫁がせたりして関係を深めていき、何かメリットがあるから従っている寄り合い所帯ではなく、自分の命令に忠実に従う軍団を作り上げていく。

こうした試みに成功した戦国大名たちこそが、その地方を代表するような有力な大名へと成長していくのだ。有名どころでは江戸幕府を成立させた徳川家康の試みがわかりやすい。家康は元々松平氏という豪族の当主なのだが、この一族には十八松平と呼ばれるほどに多くの分家があり、その中で内紛が絶えなかった。家康の祖父と父がそれぞれこの内紛の結果、家臣によって暗殺されているほどだ。

そこで家康は松平の源流にある（信憑性《しんぴょうせい》は低く、家康が口実に使っただけとされている）徳川の名字を名乗り、他の親族との差別化を図った。同格の松平のまとめ役ではなく、徳川という一段高い身分のものである、と示したわけだ。

しかし、一度そうして権力を確立させても、代が変わる中でこの構造が崩壊してしまうこともある。例えば関東の雄・北条家などは、北条早雲という稀代《きだい》の名将によって一代で確立されたが、その子孫たちはそれを維持し続けることができず、豊臣秀吉によって滅ぼされてしまった。

戦国大名以外の勢力

公家の没落と宗教勢力の拡大

さて、今までは武家勢力について話してきたが、初めにも説明したように、当時は武家以外にも力を持っていた勢力があった。それが公家と宗教団体だ。

戦国時代の公家は、領土のほとんどを武家に奪われて、生活が困窮《こんきゅう》していた。特に一四六七年から始まった応仁の乱という動乱によって京都が荒廃すると、公家の力はますます弱体化してしまう。そのため、地方の理解ある大名のもとに下って、小京都といわれる文化圏を作ったりしていた。

また、京都に残っていた公家も、その娘を有力な大名に嫁がせて財政援助を受けたり、大名家に官位を斡旋《あっせん》してそのお礼をもらったりなどして、なんとか生活していた。

一方、没落しつつある公家と違って、仏教の宗教団体はかなり大きな力を持ち、僧兵といわれる武力集団も擁して武家集団に匹敵する勢力を作っていた。中でも一向宗（浄土真宗、特に本願寺派のこと）は一揆を起こして武装蜂起し、各地の戦国大名を苦しめたりもした。特に、加賀の国で起きた一向一揆は守護を追い出すほどに成功し、一向宗の国を作ってしまうほどだった。

しかし、こうした宗教団体の多くは、織田信長によって徹底的に滅ぼされてしまった。迷信深くて、仏相手には遠慮しがちな戦国大名が多かった中、信長は彼らも勢力の一つととらえた。そして、武装している以上配慮をする必要はないと判定し、各地で虐殺を行ったのだ。

ヨーロッパ諸国からの接触

室町時代以前、日本にとっての海外といえば中国や朝鮮、それから当時は独立した国家だった琉球（沖縄）などの東アジアの国々だった。しかし、戦国時代に入った頃、日本に多大な影響を与えるもう一つの海外文化が接触してくる。それはヨーロッパの諸国だった。

当時のヨーロッパは大航海時代の真っ最中で、冒険的・経済的・宗教的な情熱に後押しされた船乗りが世界中に旅立ち、各地を植民地化して自分たちの富を増やしていた。特に日本はマルコ・ポーロの『東方見聞録』に「黄金の国ジパング」として紹介されたことなどもあって、多くの冒険家たち・商人たちの目標とされたそうだ。

そんなヨーロッパ人――日本人からは「南蛮人（元々は中国における南方の異民族を指す言葉）」「紅毛人（オランダ人が赤い髪をしていたことからついたようだ）」などと呼ばれた人々が日本に持ち込んだ多くのもののうち、特に大きな影響を与えたのが、火縄銃とキリスト教だ。

種子島に伝来した火縄銃（近年の研究では同時期に九州地方の各地に伝来していたともいう）は、急速に全国へ広まり、多くの戦国大名がこれを採用した。中でも最も火縄銃を評価した戦国大名として織田信長が知られ、特に戦国最強を謳われた武田騎馬軍団を三部隊に分けた鉄砲隊の三段撃ちで撃退したという長篠の戦いは有名だ。

残念ながらこの長篠の戦いの三段撃ちは後世の創作であるようなのだが、信長を始めとする多くの有力な戦国大名が火縄銃に注目し、それを活用したことは間違いない。他の有名どころとしては伊達政宗の火縄銃騎馬部隊や、島津が「釣り野伏せ」という待ち

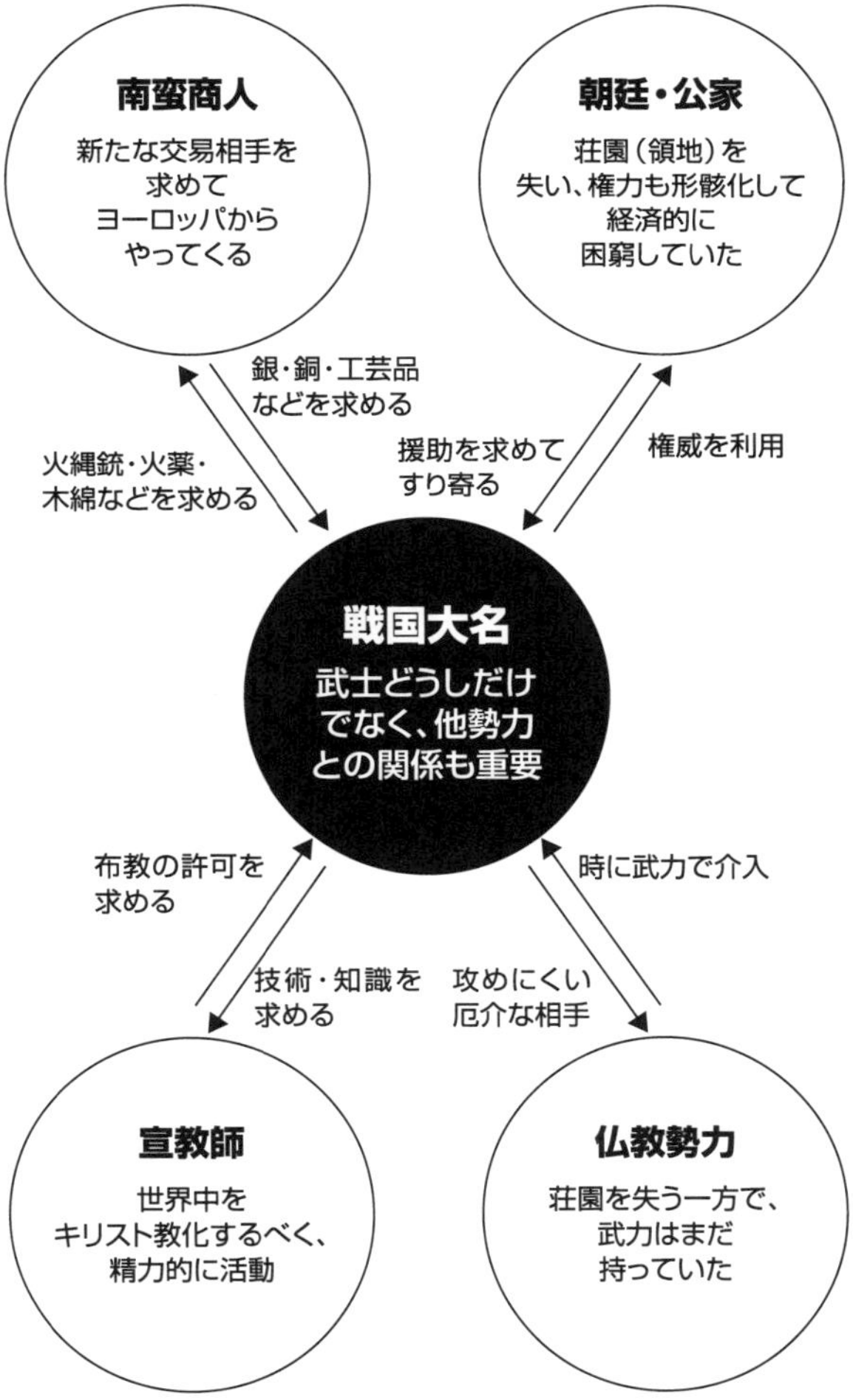
南蛮商人
新たな交易相手を
求めて
ヨーロッパから
やってくる
朝廷・公家
荘園（領地）を
失い、権力も形骸化して
経済的に
困窮していた
銀・銅・工芸品
などを求める
火縄銃・火薬・
木綿などを求める
援助を求めて
すり寄る
権威を利用
戦国大名
武士どうしだけ
でなく、他勢力
との関係も重要
布教の許可を
求める
時に武力で介入
技術・知識を
求める
攻めにくい
厄介な相手
宣教師
世界中を
キリスト教化するべく、
精力的に活動
仏教勢力
荘園を失う一方で、
武力はまだ
持っていた

伏せ戦術に鉄砲を組み合わせたことなどが挙げられる。

そしてもう一つ、ヨーロッパ人たちが日本に持ち込んだのがキリスト教だ。大航海時代は商人や冒険家の時代であると同時に宣教師たちの時代でもあり、日本にも多くの宣教師がやってきてキリスト教を広めていった。大名たちは火縄銃を始めとするヨーロッパの品物を欲して、先を争ってキリスト教に改宗した。しかし、日本におけるキリスト教は結局豊臣秀吉・徳川家康の二人の天下人によって禁止され、以後長い迫害の歴史を辿ることになるのだった。

「合戦」の知られざる実態

「戦略」と「戦術」の違い

戦国時代の勢力がどんな構造をしていたのかに続いては、この時代の花形ともいえる合戦についていよいよ触れていこう。だが、その前にとある大事な概念について紹介したい。戦略と戦術という言葉は、戦国ものに限らず戦争に関係する話であれば必ずといっていいほど出てくるものだが、その正確な意味についてだ。

とても単純に言ってしまうと、戦略とは戦争をするための前準備を整え、また実際に戦争をする時により良い状況で敵と戦えるように大局的な視点で軍を動かすことだ。一方、戦術とは実際に戦場で敵と対峙した時に、いかに部隊を動かして自軍を勝利に導くか、ということだ。このさらに上の概念として政治と経済があるが、それは本書ではあまり触れない部分だ。

これだけではわかりにくいかもしれないので、登山にたとえてみよう。山に登ろうと考えた時に、どの登山路を歩こうかと考えるのが戦略で、そこをどんな風に歩いていこうかと決めるのが戦術なわけだ。ちなみに、どの山を登ろうかと決めるのは政治で、その資金を確保するのが経済、ということになる。

大名は政治・経済・戦略・戦術の各面で指示を出し、支配下の豪族たちも自分の領地の中では政治や経済について頭を悩ませ、合戦に駆り出された時には戦略や戦術について進言し、また自分の部隊を率いる武将として、これをどう動かすかという戦術的な問題について考える必要がある。

戦国時代には無線も何もないから、実際に合戦が始まってしまうと、大名の指示はなかなか各部隊を率いる武将たちの元に届かない。だから、それぞれの部隊がどう動くかについてはある程度自己判断する必要が出てくる。

これは武将よりさらに下の、物頭《ものがしら》と呼ばれる小隊長たちにとっても同じことだ。このタイミングで敵を押せば戦況が変わる！　という勝機は、本陣で待機している大名にはしばしば見えにくいものだが、実際に前線で戦っている物頭がそうした勝機をしっかり摑んで自分の部隊を戦術的に動かすことができれば、その働きは見事に勝利につながるものなのだ。

味方の離反をいかに防ぐか

それでは、戦国時代における実際の合戦の構造について見ていこう。これまで説明してきたように、戦国時代の勢力や軍団は、近代の軍隊とは大きく違ったあり方をしている。農村を背景とした豪族を基本単位としている大名の勢力は、それぞれのあいだにきっちりと国境線があるわけではなく、複雑に入り組んでいる。

そのため、互いの勢力範囲が混じり合う場所では常に小競り合いが起きていた。そして、総力をあげて兵を整える時は当然のことながら、相手方にもその動きが伝わるので、両方が軍勢をそろえての会戦となるわけだ。

また、この時代の合戦ではどちらかが全滅するまで戦うということは滅多になかった。有力な武将が討ち取られたり劣勢になったりして士気が下がると、その段階で軍勢が潰走を始めてしまうからだ。

よほど訓練された部隊や武将の薫陶が行き届いている部隊は別だったが、だいたいはきっかけがあるとすぐに崩壊してしまった。そのため、いかに相手の陣を崩すかというのがこの時代の合戦では必要なことだった。

敗色が濃厚になると、次は安全に引き上げないといけない。場合によっては、本戦より退却戦の方が多くの死傷者を出したくらい、引き上げは危険な作業だった。逆に言えば、戦力が同じくらいであっても、上手く相手を崩して潰走させてしまえば、こちらには被害が少なく、相手に大きな痛手を与えることができたわけだ。

この時、味方部隊が安全に退却できるように合戦場に残って援護する部隊を殿軍《でんぐん》と言う。たいていの場合、この殿軍は全滅してしまう。また、そもそもこの状況になると兵士は三々五々勝手に逃げ出してしまっているので、軍勢の形を保つこと自体が難しいということも多々あった。

こうして総力戦に敗北すると、兵士の損失や有力な武将が戦死するなどの大きな被害を受け、さらに大名の評判が落ちて豪族たちが離反してしまうという致命的なダメージが発生する。特に、有能な当主のカリスマによってまとまっているような家だと、その当主が死ぬことで雪崩《なだれ》をうって崩壊することも珍しくない。

東海一の勢力を誇った今川氏も桶狭間の戦いで当主の義元が討ち死にすると、ほぼ取り込んでいたはずの三河の松平元康（後の徳川家康）が独立を宣言し、これが今川氏の滅亡へとつながっていくわけだ。同じく、精強な騎馬軍団を率いた武田勝頼も、長篠の合戦で父・信玄以来の有力な家臣を多数失い、その後は豪族たちがどんどん離反してあっけなく滅んでしまった。

大名を支えた豪族たちは必ずしも強固な忠誠心を持ってはいなかった。だから、御家騒動や総力戦での敗北といった、勢力が大きく弱体化するような出来事があると、事件そのものの被害以上に、味方の離反という手痛い出来事がその大名たちを待っていた。そのため、なんとしても味方の潰走を防がねばならず、またなんとかして敵を潰走させねばならなかったのが、戦国時代における合戦のあり方だったのだ。

織田軍が勝ち続けた理由

では、どうやったら敵に勝つ……つまり、相手を潰走させることができるのだろうか。まずは、味方の戦力を高めていくことから考えていこう。

合戦での兵士の強さというのは日本全国で平等であったわけではなく、風土に恵まれた過ごしやすい地域の兵士は弱く、厳しい自然環境の地域の兵士は強いという傾向があったとされている。

実際に、織田信長の軍勢は他国と比べると弱かった。そんな織田軍が数々の戦いで勝利を重ねていったのは当然ながら理由があった。それは、合戦を行う前に十分な準備を行っていたことだ。

では、信長が行った準備とはなんだったのだろうか？　それはズバリ、相手の数倍の兵力を揃えたことと、補給をきちんとしたことだ。たとえ各兵士の能力が低くても、その分を数で補えばよいわけだ。数の暴力という言い方もあるが、個人の能力に頼るのではなく、数で敵を圧倒するのはとても有効な手段なのだ。時にはその数に怯えて敵が勝手に降伏してくれることさえもあるのだから。

そして、もう一つが補給だ。基本中の基本である食料や水の手配とともに、戦国時代の新兵器鉄砲を十分に使うのに、補給は必須である。このように事前に勝てる要素を限りなく多く集めておくことが勝利を得るにはとても大切だった。

織田信長は桶狭間の奇襲戦での勝利により天下にその名を知らしめたが、彼自身はその戦いを博打だと理解していた。そのため、それ以後の戦いでは基本的に敵より多い兵士を用意し、鉄砲を十分に活用することが彼の基本方針となった。

戦わずして勝つ、軍師の手腕

しかし、味方の戦力を強化するだけでは必ずしも勝てるかどうかはわからない。それが日常的に行われていた小競り合いではなく、家の存亡を賭けた一大決戦であるならば尚更《なおさら》、敵だって本腰を入れてくるから、戦いの行方はわからなくなる。

不利な状況からの逆転は物語としてみるのならば大変に美しい。策謀の数々を巡らせた末の「見かけだけの不利」からの勝利であるならば、それは結局有利な状況を作って勝ったということであり、実に偉大である。しかし、やはり大事なのは事前にたやすく勝てる状況を作っておくことであり、「勝ち易《やす》きに勝つ」ことなのだ。

それではどうすればそのような状況を作れるのだろうか。兵力の増加や装備の拡充など自前の戦力を強化する方法にはどうしても限界がある。一番オーソドックスでかつ手っ取り早い手法は、相手の有力な豪族を味方につけることだ。これも既に述べたとおり、戦国時代の武家勢力というものはいくつもの小勢力がまとまって作られるものだった。だから、敵方の豪族を味方に引っ張り込むことができれば、その人物の勢力ごと手に入れることができたわけだ。

そして、この時に活躍したのが軍師であった、と私は考える。彼らは知的教養も高く、交渉術にも長《た》け、また人脈も広く持っていた。そのため、軍使（軍の使者と書いて軍使だ）として有力豪族のもとに赴いて彼らを説得するのにうってつけだったのだが、それだけでなくもう一つ有利な点があった。それは信用だ。

軍師の地位にあるということは、必然的にそれだけの知名度がある、周辺でも知られた人物であるということを意味する。そうした人物がわざわざ引き抜きにやって来たということが、引き抜かれる側の豪族にとって大事なのだ。

というのも、裏切りを持ちかける方に理由があったように、その誘いに乗る方にも当然理由がある。彼らは今までの地位や身分・領地の保障を求めているし、あわよくば今まで以上の待遇を望んでもいる。

けれど、そうした理由につけ込まれて騙《だま》されることもしばしばあったのが、戦国時代の裏切り工作というものだった。だから、話を持ちかけてきた相手を信じてよいのかという点について、豪族たちは細心の注意を払って見極めようとする。

こうした時に、相手を信用できるか否かの目安として大きかったのが、直接の交渉相手になるわけだ。相手側の大名の信頼を得ている軍師直々《じきじき》の誘いともなれば、ある程度信用してもかまわない、と豪族たちは判断したのだ。現代風に言うならば、ヒラの人間が持ちかけてくる話よりも、重役クラスの人間の話の方が信用されやすい、といったところだろうか。

それだけでなく、他地方などに勢力を伸ばそうと軍を動かす際に、現地に詳しい人間を軍師として取り立て、交渉に当たらせることもしばしばあったようだ。以前から面識があって人となりを知っている人物から持ちかけられるのと、まったく知らないか噂での評判しか知らないような人物に持ちかけられるのでは、信用するかしないかのハードルが全く違うのは当然のことだ。

例えば、黒田《くろだ》官兵衛《かんべえ》は、元々は中国地方は播磨《はりま》（現在の兵庫県南西部）の国の小大名の部下だった。それが、秀吉が信長の命で中国地方に進出した際に、現地を知っている軍師として協力するようになったのだ。

乱世に求められた能力

武の道プラス戦略、戦術、攻城、築城……

さて、今までは戦国時代をシステム的な部分から見てきたが、今度はこの時代における人材の役割を見ていきたいと思う。

戦国という時代はその名が表すように戦乱の時代であり、基本的には武が尊ばれた。戦場における勇猛さ、部隊を率いる統率力、戦機をうかがう判断力といった、武将としての能力がなにより求められたのだ。

逆に当時は文官の仕事というものがあまりなく、内政的な仕事への評価はとても小さかったのが実情だ。豊臣秀吉の元で文官として栄達した石田三成が、その領地のほとんどを島左近をはじめとする武将に与えたのも、戦地においては自らが信用されないということがわかっていたからだろう。だからこそ、優秀な武将を高禄で迎え入れたのだ。

石田三成がこうして出世できたのは、既に戦乱が収まりかけていた時代の人間だったからだ。実際、彼は秀吉に逆らう諸大名がいなくなったあとに、その参謀的存在として大きな力を振るうようになった。しかし、戦乱真っ只中の頃は、三成のように文官として優秀だった人物がその能力を生かせず、歴史の中に埋もれていくこともさぞ多かっただろう。

当時は武将として武の道に優秀であることがなにより求められた。そして、その上で、戦略、戦術的な能力があったり、攻城、築城の才能があるとさらに評価された。そういった特殊な技術を持った武将が軍師として重く扱われ、合戦において活躍したのだ。

そのように、武に長けると同時に戦略・戦術的な能力を併せ持ち、仕える大名以上の戦略・戦術能力をもってその時その時にあったアドバイスをして、時には大名の代わりに軍団を率いたり合戦の采配を担当することもある。例えば上杉景勝に仕えた直江兼続《かねつぐ》や、伊達政宗の教育者でもある片倉景綱《かたくらかげつな》のような人物こそが名軍師と呼ばれるに相応《ふさわ》しい。

ただ、こうした軍師はどうしても目立つし、絶大な権力を持たされることにもなる。そのために、大名からのゆるぎない信頼と本人の自制心がないと、大名によって抹殺されたり、逆にその大名を滅ぼして自分が取ってかわるといった、ある意味で不幸な結末に辿り着く例も少なくない。

仕える大名が進言を聞き入れてくれず、失意の中で死んだ者がいる。大名の暴挙を止められず、衰退の道を辿る主家を最後まで守ろうとした者もいる。一方、ライバルとの対立から大名との折り合いが悪くなり、ついにはライバルも大名も殺して自分が主家を乗っ取ってしまった者だっている。

こうした不幸な軍師たちの中で、特にドラマチックな道を辿ったのが「秀吉の両兵衛」の一人、黒田官兵衛だ。卓越した戦略眼を持つ彼は、それ故にこそ秀吉から疎まれ、冷遇されていた。しかし、彼はそう簡単に終わる男ではない。天下分け目の関ヶ原の戦いの時に中央から遥かに遠い九州の地にいた官兵衛は、最後の賭けに出ようとしていたのだ……。彼の生涯とその賭けの結果については、第二部と第三部で詳しく紹介する。

占い、勝利祈願も軍師の仕事

さて、そうした名武将にして名参謀の軍師がいた一方で、そうではない経歴や技術を持った軍師たちもいた。例えば、占いをして戦の吉凶をはかるのが仕事の軍師などがそれだ……というよりも実は元々、軍師に求められる役割は、そうした占いや勝利祈願、戦の際の儀式、さらに空の様子から天気を予報するなど、実際の作戦活動そのものとは関係の薄いものだったようだ。戦国武将たちの多くは迷信深く、こうした占いの結果を信じて作戦を立てることもしばしばで、その上で験《げん》かつぎのためなどに合戦前や後に

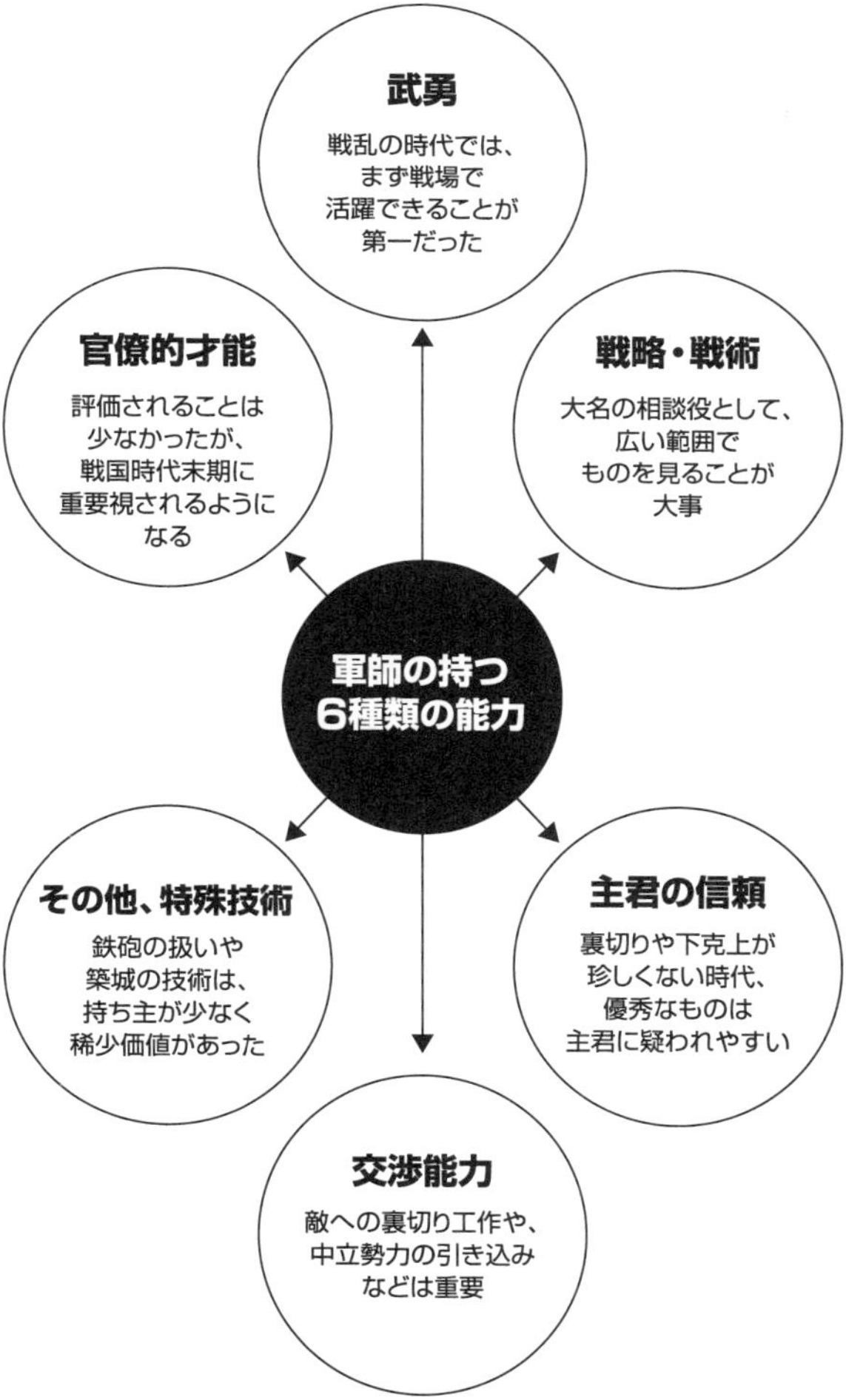
武勇
戦乱の時代では、
まず戦場で
活躍できることが
第一だった
官僚的才能
評価されることは
少なかったが、
戦国時代末期に
重要視されるように
なる
戦略・戦術
大名の相談役として、
広い範囲で
ものを見ることが
大事
軍師の持つ
6種類の能力
その他、特殊技術
鉄砲の扱いや
築城の技術は、
持ち主が少なく
稀少価値があった
主君の信頼
裏切りや下克上が
珍しくない時代、
優秀なものは
主君に疑われやすい
交渉能力
敵への裏切り工作や、
中立勢力の引き込み
などは重要

様々な儀式をやっていたのだ。

彼らは「軍配者」や「軍配者的軍師」と呼ばれる。軍配とは武田信玄が絵に描かれる際に必ず手に持っているあの扇のことで、あれも元々は占いのための道具だったとされている。

しかし、戦国時代が長く続いて合戦の規模が大きくなっていく中で、作戦を立てるための軍学や敵を味方に付けるための交渉術、その他の特殊な技術などに精通している人物の必要性が大きくなった。例えば、山本勘助は築城術や軍学の知識をかわれた軍師である。こうして軍配者的な軍師ではなく、参謀的なタイプの軍師たちが増えていった……というのが、戦国時代における軍師の変遷なのだ。

信長にも師事した軍師がいた

続いてもう一タイプ、純粋な武士ではない軍師を紹介しよう。僧侶たちの作る宗教集団が武家にも匹敵するような力を持っていた、という話を先にしたが、実は武家勢力の中でも僧侶が大きな役割を果たすことがあったのだ。

それは、軍師となる僧侶の存在だ。実は武士と僧侶の関係は結構深いものだった。何故《なぜ》かと言えば、武家の家に生まれた長男は当然のように嫡子として育てられるが、次男以降は相続争いを起こさないためなどの理由で、しばしば出家させられて僧侶になることがあったからだ。

しかも、当時の僧侶は実は学問を学ぶことができる数少ない知識階級であり、特に重要なのはその修行の中で漢文を学ぶことだった。多くの軍学書が漢文で書かれていたので、それらの書物を読み、理解し、そして大名に進言できる僧侶という人材は軍師として非常に有用な存在だったのだ。

さらに、僧侶たちは外交面でも活躍した。出家した人間は俗世の縁に左右されないため、例えば対立する敵国に赴いてもそのことを理由に殺される、ということが少なかった。このために戦国時代には僧侶が外交の使者となることがしばしばあった。

こうした軍師僧は、京都の妙心寺のような各地の寺で学んだが、それとは別に下野国《しもつけ》（現在の栃木）にあった足利学校というものが知られている。これは平安時代もしくは鎌倉時代に作られたとされる学校で、特に室町時代から戦国時代にかけて、多くの僧侶が儒学（儒教について学ぶ学問）や軍学、易学、医学などを学んだ。そして、ここで学問を修めた僧侶たちを、戦国大名が自らの元に招いて軍師として使う、ということがしばしばあったのだ。

彼ら軍師僧の代表選手は後に詳しく語る今川義元の軍師・太原雪斎《たいげん》だが、もう一人最近注目されつつある人物がいる。彼の名は沢彦《たくげん》。京都の妙心寺に学んだ僧侶だ。織田信長が稲葉山城を岐阜城に改名した際にこの案を出し、さらに「天下布武」の言葉を贈った人物でもある。

信長は配下に有力な武将を多く擁しながらも、参謀的な存在である軍師をおかなかった戦国大名とこれまで言われてきた。しかし最近の説には、この沢彦こそが信長の師として様々なことを教えた人物であり、また軍師として桶狭間の奇襲を始めとする作戦を進言した人物である、とするものがある。一向一揆を根絶やしにして本願寺を焼きつくした信長の背後に僧侶がいた、というのはなかなか興味深いものではないか。

大名はとびきり優秀でなくても

　さて、今度は彼らが仕える大名について見ていこう。元来が神輿的立場とはいえ、戦国大名にも能力が必要で、能力がないとその地位から陥落してしまうと述べたが、逆に能力が高く実績も上げると、その勢力の中で、神輿ではなく大きな権力を誇ることができるようになる。

　本当は戦国大名というものはすべからくこういう状態になってないといけないのだが、残念ながら全てがそこまでの力を得ることができたわけではない。といって、強権を発動できた大名が全て恵まれていたわけでもない。

　例えば、武田信玄の配下には武田二十四将という有力な武将たちがいたが、裏を返せば彼らは有力な豪族であり、信玄が隙を見せればいつ彼らが言うことを聞かなくなるかわからない、という状況でもあった。

　また、奥州の独眼竜こと伊達政宗にしても、若くして家を継いだために、古くからの重臣や一族の重鎮たちの干渉はかなりのものだった。しかし、信玄も政宗も結果を出すことでそうした人々を抑え、絶対的な権力を獲得していったのだ。

　つまり、戦国大名に求められたのは、そうした結果を出すための統治能力、判断力と戦略・戦術能力だったわけだ。例えば、織田信長や毛利元就、北条早雲《そううん》といった人々はその全てをかねそなえていた。

しかし、大名がその全てを高い水準で持っていなくてもよい。統治能力と判断力を高い水準で持ち、ある程度の戦略能力を持てば、それ以外の高度な戦略能力や戦術能力というのは、信用できる部下に任せてもよかったからだ。

当然ながら、その意見を理解するための最低限の能力と判断力は必要だが、それを補うスペシャリストこそが軍師だったのだ。

戦術としての慈悲

今度はもっと広く戦国時代における信用というものについて見てみよう。これは大名にとっても、また軍師にとっても大事なものだったのだ。

一口で言ってしまえば、戦国時代は無法の時代だった。約束や同盟はなんの断りもなく破られ、裏切りや寝返りは日常茶飯事だ。そして、しばしばそれは悪徳ではなく、自分の家を生き残らせるための当然の手段として受け取られもしていた。

しかし、逆説的ではあるが、だからこそ戦国時代において信用はとても大切でもあった。この相手ならそうそう裏切ることはないという評判や、この大名はちゃんと報いてくれるという信用・信頼がなければ、おちおち仕えてもいられなかったのだ。

比叡山や一向宗の拠点を攻撃して皆殺しにし、また義理の弟である浅井長政との「朝倉家（浅井と朝倉は縁戚関係にあって、密接な仲だった）を攻めない」という約束を反故《ほご》にするなどといった振る舞いのあった織田信長は、そういう点では信用が大変に低い大名だった。

実際に信長はそういった面ではずいぶん冷酷で、平気で家臣を切ったり、思い込みで処断したりといった行いが目立った。例えば黒田官兵衛が謀反した武将を説得に行って囚《とら》われた時、信長はすぐに官兵衛が裏切ったのだと判断し、その息子を殺すように命令してしまった。竹中半兵衛の機転でその子は救われたのだが、信長の酷薄さを明確に示しているエピソードと言える。その生涯で多くの裏切りにあい、死ぬ時もまた重臣・明智光秀の謀反によるものだった信長は、例外的に裏切りに厳しかったのかもしれない。

もっとも、やはり信用と評判だけでは、部下の豪族を繋《つな》ぎ止め切れなかったのもまた事実だ。そこで、多くの大名が人質を取るという手段を使った。

大名は支配下の豪族から息子や娘（嫡男が多かったようだ）を自分の元に差し出させ、彼らが裏切ると人質を殺して見せしめとした。ただそれだけではなく、人質として集めた者たちを教育し、時代を支える人材に育てようともしていたので、必ずしも悪いことではなかった。

こうした人質の例として、一番有名なのが徳川家康の少年時代だ。彼の生まれた松平家は今川義元の支配下にあり、嫡男である彼は今川家の本拠地で長く人質として過ごした。そして、その人質生活の中で、名軍師として名高い太原雪斎の教育を受け、後の名将の下地を作っていった。

しかし、結局人質を取るというのはもしものための備えであり、豪族の裏切りを心配しなくていい状況であれば人質は必要ない。また、これはあくまで支配下の豪族との関係の話なので、例えば他国に侵攻してそこの小勢力をまとめよう、という時には別のやり方が必要になる。

こうした時に上手くやってのけたのが豊臣秀吉だ。彼はそうした小勢力を無理に攻めようとせず、また敵国の武将や拠点なども力押しすることを好まなかった。彼は常にまず調略や謀略をしかけてできるかぎり敵を味方として取り込もうとしたし、実際の交渉の際には「両兵衛」や蜂須賀正勝《はちすかまさかつ》、弟の秀長といった優秀な軍師たちが活躍した。

さらに、投降した敵には慈悲深く振る舞ったし、一度裏切った相手にも信長のように無慈悲に対峙することがなかった、とされている。こうしたことから秀吉は「無駄に人を殺さない武将」と謳われた。この評判は彼が天下を統一する際に大いに役に立ったことだろう。こうして信用を得ることもまた、戦国大名にとっては立派な戦術の一つだったのだ。

軍師の時代の終わり

既得権益を徹底的に排除した信長

これまで戦国という時代の勢力と合戦の形について述べてきたが、戦国時代の末期にこうした仕組みを崩壊させた三人の大名が登場し、この時代は終焉を迎える。それは軍師たちが実際に活躍する時代の終わりでもあった。そこでここでは、三人の天下人を紹介しながら「いかに戦国時代は終わらされたのか」というところを見ていこう。まずトップバッターは、戦国時代でも一、二の人気を誇り、戦国の覇王や第六天魔王の異名で知られる織田信長だ。

彼は従来の戦国大名とも、また後継者となった豊臣秀吉や徳川家康とも全く違う気質を持った人物だった。彼は徹底的な現実主義と合理主義をその死に至るまで貫いた。

現実主義・合理主義と言ったが、実は当時も、実戦部隊の指揮者として優秀な人間は現実的かつ合理的な思考のもとに行動するのが普通だった。しかし、信長のように一勢力（それも天下統一の目前までこぎつけるような大勢力の）の代表者でありながら、合理主義と現実主義を貫き通したものはほとんどいなかった。

これはいつの時代も組織を動かす上で必ず生じる問題なのだが、トップになるとどうしてもいろいろなしがらみに縛られるようになってしまう。その時その時で最善の行動を取ったと思っていても、実際にはそれは、立場についてくるしがらみに振り回された末の遠回りであることが多い。

しかし、信長は違った。自分の理想となる国のあり方を明確にイメージし、それに向けて旧来の風習を徹底的になぎ払っていった。それが楽市楽座（自由経済。権力者や座という同業者組合によって支配されていた流通を解放した）や関所の廃止を中心とした既得権益の排除であり、また出身身分にとらわれない人材の登用と、古くから仕えていたとしても無能な人材は容赦なく排除していくことであり、さらに宗教組織であろうが自らに歯向かえば武力勢力と認定して容赦なく虐殺するということだった。既に述べた武士と農民を分離させて常備軍を作ったのもその中の一つということになる。

こうして信長は、外的には公家・寺社・同業者組合などの旧勢力の持つ既得権益を排除し、内的には門閥《もんばつ》勢力を排除して強大な力を手に入れた。しかし、そのあまりに性急に過ぎる改革は多数の反発を呼び、彼が本能寺の露と消える一因にもなった。

彼を討った明智光秀は源氏の名門に連なる一族の出身であり、朝廷や公家といった旧勢力と深く関わり合いがあった……というのは、けしてただの偶然ではないはずだ。

中途半端だった秀吉の政策

織田信長が後一歩まで近づきながらかなわなかった天下統一の夢を受け継ぎ、そして成功させたのは信長の部下だった豊臣秀吉（初めは木下藤吉郎、続いて羽柴秀吉と名乗り、最後に豊臣姓を得る）だった。彼は信長の改革が急スピードで進み、そして旧勢力の反発で終わったのを目撃しているから、その反省を活かす形で天下統一を進めていった。

秀吉は各地に勢力を持つ大大名の多くを残し、地方支配者として利用する道を取った。これは既に述べたように秀吉が敵将を説得して味方に取り込むのが上手い、「人たらしの達人」と呼ばれるような武将だったからこその発想だろう。

もちろん、そうした大勢力をそのまま放置してしまうと再び戦国時代に逆戻りしてしまう危険があったから、四国を統一した長宗我部家や九州を席巻した島津家といった勢力はその規模を削るといった対処は忘れなかった。

こうした秀吉の政策は武士勢力以外にも向いた。まず、商業を奨励するという点では信長と一緒だったが、公家や朝廷、寺社といった旧勢力に対して友好的に接し、信長のように邪魔ものとして排除するのではなく、むしろ自分の味方として利用する。彼が関白という公家の最上位を得て天下を支配しようとしたことからもこれがわかる。

彼は朝廷を取り込む中で京都の町に気持ちよくお金をばらまき、そもそも本拠地を大坂にしていたこともあって、徳川家康が天下人となったあとも、関西地方では長らく豊臣贔屓《びいき》・徳川嫌いの空気が残っていたという。

また、武士と農民を明確に分けたのも豊臣政権の構造の中で特徴的な点だ。彼は太閤検地という大規模な検地（土地の面積を調べ、そこでどれだけの作物がとれるかを把握することによって複雑だった土地制度を整理し、農民を直接把握し、かつ支配できるような政治体制を作った。

さらに刀狩りを行って農民から武器を没収する。既に述べたとおり戦国時代は農民も合戦が始まれば兵士として駆り出されたために、家々に様々な武器を隠し持っていた。こうした武器を大仏を作るという名目で取り上げてしまったため、農民と武士の境目が明確になり、また彼らが一揆という形で反乱を起こすのも難しくなった。

しかし、秀吉の政策は天下人としては中途半端であった、という見方もできる。各地の大名たちを強力な力で支配できなかったため、さらなる見返りを与える目的（諸説はあるが）で朝鮮出兵をせざるを得なかったり、実際に秀吉が死ぬとすぐに有力大名である徳川家康が天下取りに向けて動き出したりしたことからそれがわかる。

また、秀吉は海外から伝わったキリスト教を危険視して禁止したが、海外貿易を禁止することはなかった。このように、信長の急進的な改革への反発なのか、中途半端さが残る政治であった、とも言えるのが秀吉の時代なのだ。

武士を土地から切り離した家康

その豊臣秀吉の死後に天下を狙って動き出し、天下分け目の関ヶ原の戦いに勝利して江戸幕府を開き、戦国時代の最後の勝利者となったのが、徳川家康だ。

まず織田信長の同盟者として、続いて一度は秀吉のライバルとなりながらも結局は支配下の大名として、長い人生を苦難と忍耐を友として過ごした彼は、そのためか大変に堅実な政治を行い、頑丈な勢力構造を作り上げた。この強固な構造こそが、約二百五十年にわたる江戸時代の礎《いしずえ》となったと言って過言ではない。

彼は秀吉以上にそれまでの戦国時代の仕組みを破壊し、作り直していく。まず、生き残った戦国大名の多くを本来持っていた領地とは違う場所に移動させ、また何か落ち度があるとすぐにその家を取り潰した。

本来、大名に仕える武士は土地に根付いた豪族であり、逆説的に言えばその領地を守るためにこそ大名に従っていたわけだ。ところが、徳川幕府はその土地から武士を引き離してしまう。さらに「士農工商」という明確な階級を設定し、それまでけして厳格とはいえなかった主君への忠誠という概念を厳しく定め、徳川家を中心とする社会構造を作り上げた。今私たちが想像するような「殿様と武士と民衆」というイメージは、まさにこの時にできたものなのだ。

さらに家康は、海外に向けて門戸を開き異文化も取り込んでいた華美な安土桃山文化を否定し、新しい質実剛健な文化を築き上げていく。これは、秀吉の支配下で芽生えつつあった商業の発展よりも、農業こそが国の基本であり大事だと考えたためだ。そのため、交易による利益より、それによる異文化の侵入によって自己の権力基盤が崩れることの方が被害が大きいと考え、鎖国体制を築いたのである。

大名の力を削ぎ、武士と農民を分離させ、権力基盤を崩すような要素を取り除く。こうした細心の配慮によって、家康が開いた江戸幕府は、それまでの幕府に比べて、強力な支配構造と影響力を持ち続けることに成功した。そうでなければ、江戸幕府は約二百五十年を数える前に内側から滅んでいたことだろう。

こうして始まった江戸時代は、戦国時代と大きく違う社会構造の時代となった。徳川将軍家を中心とした強固な支配構造が確立し、武士は専業の武士となり、その多くは固有の領土を持たず、しかもよほどのことがないと生まれた家の家格によって決まった地位より高い地位につくことはできない。

また、ある程度の武力を持っていた農村からも武力は排除されてしまっていて、搾取される生産階級という身分になってしまったのだ。かつてのように一揆でその権利を主張するのも困難となる。

そうしたいかにも閉鎖的な社会の中で、しかし商業だけは発展を続け、江戸時代の中期以降は商家が時に幕府を揺るがすほどに力をつけていく。そして、商業の統制が手に余るようになったことが、のちの幕藩体制崩壊の一因ともなったのだ。

M&Aを主導した戦国軍師

「はじめに」のところで、戦国時代の武士勢力と現代の企業グループは似ているという話をした。そのことについて、ここで詳しく見ていきたいと思う。

これまでの説明で触れてきたとおり、戦国大名の統治する国とは多数の豪族の集まりである。つまり、これは地場の中小企業が集まって地方組織を作っていると理解すればいいわけだ。

例えば、埼玉県の大名というのは、埼玉のいろいろな市町村にある会社の連合体のリーダーなのだ。室町時代初期の頃までの守護は、その地に領土……つまり自らの会社を持っていない場合が多かったのだが、戦国大名となると自らの直轄の領地、つまりは直営の企業を多く抱えていた。

だが、当然のように、全ての戦国大名が同じぐらい直営の企業を抱えていたのではない。また上下関係ではなく、有力企業の中で比較的優位に立つという形式の支配も多かった。つまり、いくつかの企業が一緒になってグループを形成しているが、資本的な優位があっての支配ではないということなのである。

このような場合、そのグループが他のグループに対して劣勢になると、有力な企業は独立したり、他のグループに移ってしまったりする。例えば、わかりやすいのが関ヶ原の戦いの後の諸大名の動向だろう。秀吉が生きている間は豊臣政権に従っていた大名たちが、その死と関ヶ原の合戦における家康の勝利をきっかけに、あっという間に徳川政権に従うようになってしまった。そのような点で、戦国大名と現代の企業グループは類似している。

今流行のM&A（企業買収・合併）の考え方も、戦国時代を理解するのに役に立つ。M&Aとは企業を買収してグループの力を高めていくものだが、実際には、相手先企業と平和裏に話してグループに加わってもらうケースと、敵対的買収という資本の論理で市場で株式を買い集めて該当企業を傘下におさめるケースとの二つがある。

平和裏に味方になるのは、つまりその戦国大名の現在の力と将来性を見込んで味方する形ということだ。一方、合戦はお金の力ならぬ兵力でもって相手の勢力を強引に傘下におさめる、現代風に言うならば敵対的買収だ。そして、この敵対的買収の方法にも、

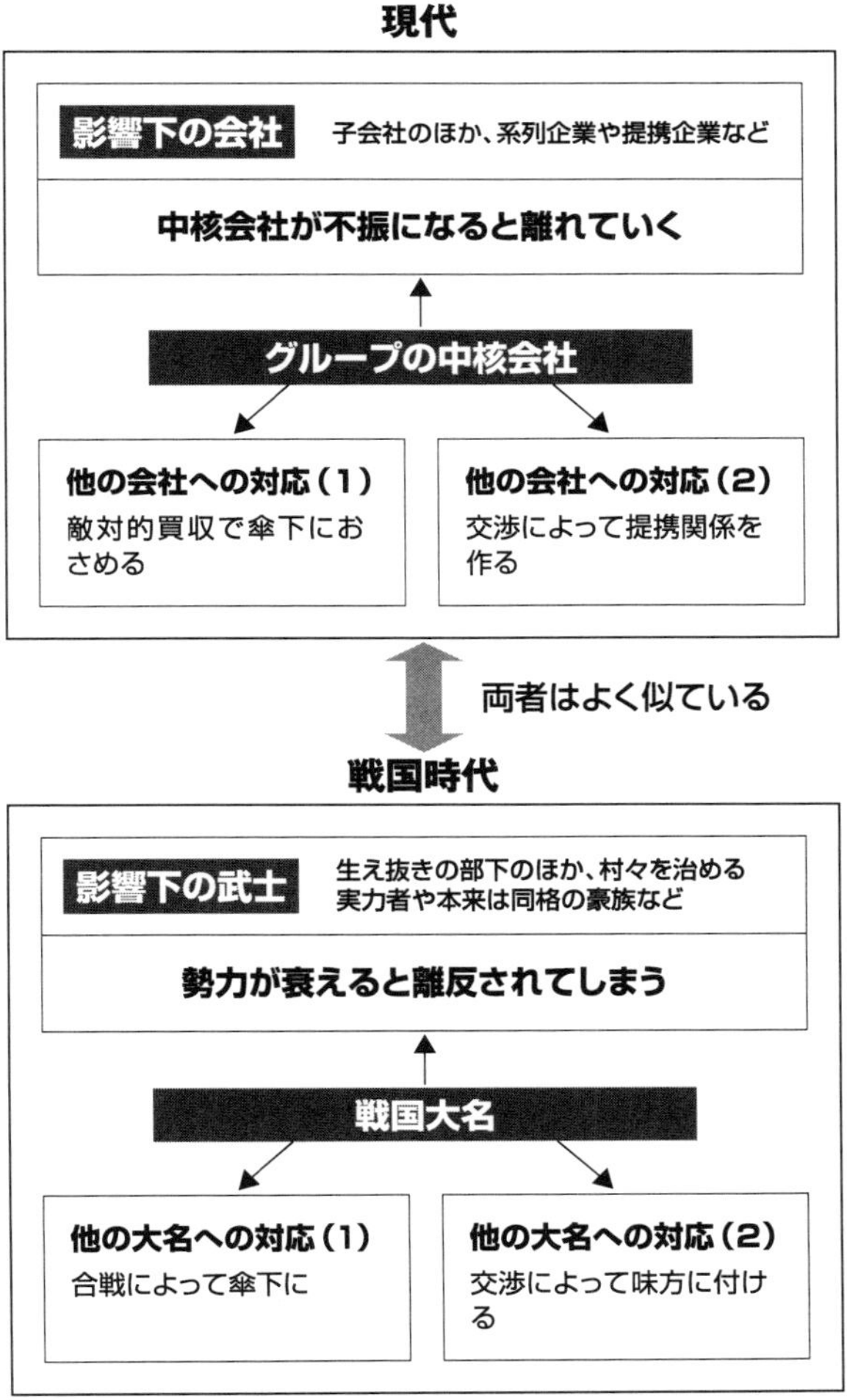
現代
影響下の会社
子会社のほか、系列企業や提携企業など
中核会社が不振になると離れていく
グループの中核会社
他の会社への対応（1）
敵対的買収で傘下におさめる
他の会社への対応（2）
交渉によって提携関係を作る
両者はよく似ている
戦国時代
影響下の武士
生え抜きの部下のほか、村々を治める実力者や本来は同格の豪族など
勢力が衰えると離反されてしまう
戦国大名
他の大名への対応（1）
合戦によって傘下に
他の大名への対応（2）
交渉によって味方に付ける

市場で単に株式を集める方法から、相手企業の有力な株主の株式をピンポイントで手に入れる手段まである。

これはつまり、兵力によって相手を威圧するだけではなく、相手の重臣をこちらの味方にして、相手方を弱らせるということにつながるわけだ。そして、ただ単に力押しにするより、重臣を味方につけた方がより早く傘下におさめることができる。戦国時代においてそうしたM&Aを主導する人物こそが、軍師という存在であり、時には合戦で実際に活躍する人々よりも重要な役割を担うのだ。

この視点で見ると、三人の天下人たちがどうしてあのような政治を行ったのかもわかりやすくなるのではないだろうか。彼らはそれぞれのやり方で流動的だった社会を固定化させ、M&Aをやりにくくしていったのだ。信長は自分の元に権力を集中させ、秀吉は諸勢力と融和し、そして家康は彼ら二人の改革を継承しつつ戦国時代の構造そのものを破壊して、江戸時代という新しい時代を作り上げたわけだ。

この新しい時代においては、幕府という一大権力があるために他の勢力をまとめ上げて（他の会社を買収して）いくことはできず、強固な階層社会の中で自分たちの分を守って発展していくことしかできない。それはつまりM&Aができない社会であり、軍師たちのいらない社会である。こうして平和な時代が来ると共に、彼らが実際に活躍することもまたなくなっていった。

これ以後、江戸時代における軍師というものは、各藩が平和な時代においても合戦ができるだけの準備を整えている、という姿勢を見せるための存在になっていく。それはちょうど、平和な時代の武士たちが腰に下げている刀が、実用性ではなく美しさ重視になっていくのに似ていた。

第二部

勝敗を分けた軍師の決断

戦国時代の構造と、その中で軍師がどのような立ち位置にいたのかに続いて、今度は彼らが具体的にどんな活躍をしたのかを見ていこう。

それを知るには、実際に彼らがどのような合戦でどのような働きをしたのかを見ていくのが一番だ。第二部では、実際の合戦を例に挙げていきながら、歴史に名だたる名軍師たちの活躍を見ていく。

安祥城の戦い
——軍師僧・太原雪斎の交渉術

織田・今川・松平の思惑

最初に紹介したいのは、今川家と織田家が争った安祥城《あんしょう》の戦いだ。ここで特に注目したいのは、合戦が終わった後の事後処理について。こうした交渉ごとについて取りしきったり助言したりするのもまた軍師の役目なのだ。

さて、まずは今川家と織田家、そして松平家（後の徳川家）にまつわる事情について紹介しよう。松平家は一時三河（現在の愛知県東部）全域を支配するようになったが、内紛によってその勢力を減じ、松平広忠の代には駿河・遠江《とおとうみ》（共に現在の静岡県）を支配する今川義元の勢力下にあった。一方、尾張（現在の愛知県西部）の織田信秀（信長の父）は虎視眈々と三河を狙っている。

信秀は広忠が今川に息子の竹千代（後の家康）を人質として送ると、護送していた武将を寝返らせて自分の手元に連れてこさせ、松平を味方にしようとするが上手くいかない。そこで一五四八年に軍を起こして三河に攻め入り、一方義元も松平を救援するために、自分の軍師である僧侶・太原雪斎を出陣させる。

この時の戦いは第二次小豆坂《あずきざか》の戦いと呼ばれ、今川・松平軍の勝利に終わる。しかし、この後に問題が起きる。翌年に広忠が暗殺され、松平の主がいなくなってしまったのだ。そこで雪斎は一計を講じ、織田側が拠点にしていた安祥城を攻めた。

人質交換のための戦い

この時、雪斎は「城主織田信広（信長の兄）を殺さず、必ず生け捕りにするように」

と全軍に伝えており、実際に彼を捕まえることに成功する。すると、今度は信広を人質として、織田家に竹千代を返すように交渉したのだ。松平をこれからも味方にするためには竹千代が絶対に必要である。その竹千代を取り戻すために、人質交換ができるだけの重要人物を捕らえてみせたのだ。これこそが安祥城を攻めた最大の理由であり、雪斎の作戦の肝だったのである。

この作戦は雪斎が思い描いたとおりにズバリと当たり、信秀は信広の代わりに竹千代を返す。その竹千代はすぐに義元の元に引き取られ、松平家の拠点である岡崎城には今川の代官が置かれた。こうして松平は完全に今川の保護下に置かれ、今川家は実質的に三カ国を支配下とした。こうした交渉を行うのもまた、軍師の役目なのだ。

伝説として語りつがれる

九頭竜川大会戦
――三十倍の勢力差を逆転

少数で多数に勝つ、というのはドラマチックな戦いの見本のようなもので、古くは源平の合戦における源義経の頃から、そうした戦いが伝説となって語りつがれている。もちろん、実際に数の差をくつがえすのは大変に困難なことなのだが、戦国時代には三十倍の戦力差をひっくり返した戦いがあった。それが越前（現在の福井県の一部）の名門・朝倉家を支えた名軍師・朝倉教景《のりかげ》が指揮した、九頭竜《くずりゅう》川大会戦と呼ばれる戦いだった。一五〇六年のできごとである。

この頃、越前に隣接する加賀（現在の石川県南部）の国は一向宗（浄土真宗の本願寺派）によって支配されていた。一四八八年の加賀一向一揆（一向宗の信者が起こした反乱のこと）で守護の富樫《とがし》氏を追い出した本願寺は加賀を百姓の国とし、さらに他の国にも勢力を広げようと虎視眈々と狙っていたのだ。

こうした事情から、越前で一揆が起きると加賀、越中（現在の富山県）、能登（現在の石川県北部）の一向宗門徒たちが続々と越前の国に流れ込んで合流する。ここにかつて朝倉家に敗れた越前甲斐氏の残党まで参加し、軍勢は三十万を超える規模にまで膨れあがったという。

これに対して朝倉軍の総大将となったのが教景だった。彼の元に集まったのは一万程度。九頭竜川を挟んで対峙した両軍は兵力数に相当の差がある。しかし、敵は所詮烏合《うごう》の衆だ。突く隙は十分にあった。

困難な決断ができてこそ

それでも味方に三十倍する敵の兵力に教景はかなり悩むが、使者が朝倉家当主・貞景の「渡河して攻撃せよ」という言葉を伝えたのを機に、ついに決意する。川を一気に渡って敵に攻め込んだのだ。教景の軍と対峙していた一揆勢はその勢いと教景の士気によって散々に打ち破られ、すぐに敗走を始める。さらにこの部隊の恐慌は川の上流などの他の場所で朝倉軍と戦っていた部隊にも一気に伝わり、大軍はあっという間に敗走してしまった。

パニック状態になって飛び込んだ一揆勢の死体で九頭竜川が埋め尽くされたという話や、三十万の大軍のうち、加賀に逃げのびたものは十万に満たなかったという話が伝わっているくらい、この戦いの結果は壮絶だった。

そして、この戦い以後も朝倉家と一向宗は長く戦い続ける。彼らが手を組むのは教景が死んだ後のことであり、共通の敵・織田信長が登場した時のことだった。

大軍といえども、一度崩れだしてしまえばしばしばあっけなく崩壊するものだ。しかし、頭ではそうとわかっていても、少数での攻撃を決断するのは大変に困難なことであり、朝倉教景も散々に攻撃を悩んだことからそれがわかる。それでも攻撃を決断できたからこそ教景は名軍師と讃えられたのだ。

厳島の合戦
——策謀の限りを尽くした天才・毛利元就

大勢力・陶晴賢との対決

軍師の役割は、実際の作戦計画を考えること以上に、謀略や調略によって敵方の戦力を削ることにある。どれだけ多勢に無勢の戦いだったとしても、味方に有利な状況を作っていけば、兵数の差を逆転するのはけして不可能なことではない。九頭竜川大会戦は軍師の決断が勝利を導いた代表的な戦いだったが、一方で厳島《いつくしま》の合戦は事前の謀略を積み重ねることによって勝利に辿り着いた代表的な戦いといえる。

厳島の合戦は戦国屈指の名勝負と呼ばれ、また中国地方の勝利者を決める最も重要な戦いとなった。この戦いには稀代の謀将・毛利元就の真骨頂が現れている。強大な敵と戦うために状況を整える、まさに天才的な軍師の役割を彼はやってのけているのだ。

まずこの合戦の前段階として、周防《すおう》（現在の山口県東南部）を中心に大きな勢力を持ち、当時の中国地方を代表する戦国大名の一つだった大内家の内紛がある。一五五一年、重臣の陶晴賢《すえはるかた》が反乱を起こし、当主の大内義隆を自害に追い込んだのだ。新しい当主として大内義長が擁立されるが、実権は晴賢が握る。

一方の元就はこの頃まだ安芸《あき》（広島県西部）の一豪族に過ぎず、大内の勢力とは比べ物にならなかった。そこで、当初は晴賢に恭順の姿勢を示しつつも、着実に勢力を拡大させていく。事態が動いたのは一五五四年、石見《いわみ》（現在の島根県西部）の武将、吉見正頼が反乱を起こした時だ。この鎮圧のための出兵命令を元就は断り、両者の対決は決定的になる。

敵方有力家臣を粛清

しかし、単純な戦力比較では圧倒的に不利であることを、元就は知っていた。そこで彼はその戦力差を埋めるためにありとあらゆる手を打つ。まず彼が手配したのは、敵方の有力な家臣を主君自身の手で殺させることだった。晴賢の名参謀・江良《えら》房栄《ふさひで》が反乱を計画しているという流言を流し（実際に内通していたが、房栄があまりにも欲深かったために元就が排除しようとわざとそのことを明かした、とも）、しかも房栄の筆跡を真似させた手紙まで用意して、彼が処刑されるように仕組む。

しかし、目の前の敵の戦力を削るだけでは、動乱の続く戦国時代では安心とは言えない。この頃、元就にはもう一つ出雲（現在の島根県東部）の尼子《あまご》家という宿敵がいたから、晴賢の大内家と戦っている間に背中を攻められればお終《しま》いだ。中でも彼が警戒していたのは、尼子家の最強軍団と呼ばれた「新宮党《しんぐうとう》」という集団だった。この名前は彼らの本拠地が新宮谷というところだったことに由来する。

尼子国久と誠久《まさひさ》の親子が率いる新宮党は尼子軍の中心戦力だったが、同時に日頃の態度が横柄だったことから、当時の尼子当主・晴久とはあまり仲が良くなかった。ここに目を付けた元就は房栄の時と同じように新宮党を陥れ、晴久の手で国久と誠久を殺させてしまう。一応その後も新宮党は存続するが、尼子最強軍団としての新宮党は実質この時に消滅してしまう。最近の説ではこの粛清に元就は関わっていなかったともされているが、だとすれば実に幸運な偶然であったといえるだろう。

村上水軍と交わした約束

さらに元就の策略は続く。広い平野で戦えば小勢で多勢に勝つことは不可能と考えた元就は、日本三景の一つ厳島（宮島）を選ぶ。この島は小さく、大軍を相手するのにはうってつけだったのだ。

そこで一五五五年、厳島に宮尾城という城を建設する。この城は船を使って行き来する際の重要拠点でもあったが、この時に元就は実際以上にその重要さと守りにくさを吹聴して晴賢に伝え、さらに元就の本拠地・郡山《こおりやま》城の留守を守る桂元澄《かつらもとずみ》が偽の裏切りを約束する手紙を出させる。こうした元就の策略は全て、晴賢の大軍を厳島という戦場に誘い込むための罠だった。

また、厳島での戦いに赴くにあたってもう一つ、元就が打っておいた手がある。因島《いんのしま》・来島《くるしま》・能島《のしま》の三島（全て瀬戸内海の小島）に拠点を持つ村上水軍を味方に付け、厳島への兵力の輸送を確保させ、さらにここから逃げる晴賢軍を抑えさせたのだ。この時、能島を支配する水軍の主・村上武吉《たけよし》に「力を貸してもらうのは一日だけでいい」と約束したのが伝説になっている。

勝負は最初から決まっていた

晴賢軍二万が厳島に上陸したのは九月二十一日、それに対して元就軍四、五千が厳島に向かったのは三十日も夜半になった暴風雨の夜だった。遅れていた援軍の村上水軍もこの直前に到着し、いよいよ二手に分かれて厳島に上陸する。

一斉攻撃が始まったのは翌十月一日の早朝だ。突然の奇襲に対応できず、また大軍を動かすのには向かない厳島という地形に晴賢軍は激しく混乱し、さらに水軍同士の闘いも毛利側の勝利だったため、逃げ場もなかった。ついに晴賢は自刃して果て、厳島の戦いは毛利家の勝利に終わったのだ。

この戦いの後、大内の勢力は毛利によって吸収され、元就は一躍中国地方を代表する大大名となる。また、この戦いで神域の厳島を汚してしまったことを恥じた彼は、後にこの島の保護に力を尽くすようになったともいう。

戦力に大差のある敵と戦わなくてはならない時、どうすればよいのか。この厳島の戦いこそがまさにその解答であり、毛利元就は実に天才的な「軍師的大名」であったといえる。彼が蜘蛛《くも》の糸のように張りめぐらせた策謀の数々がなければ、この結果もまたなかったのだから。

北九州をめぐる戦い
――小早川隆景・立花道雪の激突

毛利・大友の門司城攻防戦

さて、厳島の戦いで大内氏を圧倒した前後から、毛利の矛先は北九州東部にも向いた。

当時ここを支配していたのは、九州北西部の龍造寺・南部の島津と並んで九州三強と呼ばれた大友家だ。これ以後、長年にわたって毛利と大友は北九州……それも北九州攻撃に向けて前線基地となる門司城や立花城をめぐり争うことになる。

その中でも特に注目したいのは、一五五四年に起きた門司城をめぐる攻防戦と、一五六九年の多々良浜《たたらはま》の合戦だ。まず前者において注目するべきことは、毛利側には小早川隆景、大友側には立花道雪（当時は戸次鑑連《べつきあきつら》と名乗っていた）という、それぞれ戦国時代を代表する名軍師・知将が参加し、その知略を激しく戦わせていたことだ。

小早川隆景は元就の三男で小早川家に養子として入り、「毛利の両川」として本家を支えた、知将として名高い人物だ。元々水軍に縁の深い小早川家を率いて活躍した。一方の立花道雪は、この後でも述べるが大友家を支えた名軍師として諸国から畏怖された人物だ。この二人が激突したのだから、まさに戦国時代ファン垂涎《すいぜん》の戦いと言える。

戦いはまず二万の大軍を率いた小早川隆景が北九州に上陸し、門司城を占領したことから始まる。これに対して道雪もまた二万の軍を率いて速やかに出陣し、両雄が激突する。

この時に道雪は遠征してきた毛利軍を焦《じ》らせ、また恐れさせるために、一つの奇策を行っている。八百人の弓の名手を集め、間断なく矢を撃ち込ませたのだ。しかも、その矢には一本一本「参らせ候《そうろう》 戸次伯耆《ほうき》守鑑連（道雪のこと）」と書いてあった。これを毛利勢は大いに恐れ、また道雪の名がさらに広まることにもなった。

こうした策の成果もあって、道雪は一度は門司城を奪還することに成功するが、一五五八年に再び奪われる。その後も数年にわたって取ったり取られたりを繰り返した末、大友勢は一五六一年にこの城を諦めて撤退せざるを得なくなる。

「九州の川中島」、多々良浜の合戦

北九州を巡る大友と毛利の戦いは長らく続いたのだが、その決着がついたのが一五六九年の多々良浜の合戦だ。この戦いは俗に「九州の川中島」などと呼ばれたりもするようだ。大友勢の奮戦によって多くの毛利側勢力が駆逐される中、なんと元就自身が吉川元春と小早川隆景の両川を引き連れ、八万二千余という大軍勢で侵攻してきたのだ。

この大軍によってまず小倉城が落ち、続いて立花城も包囲され、激戦の後に開城する。こうして両軍は多々良浜に対峙し、死闘を繰り広げることになるのだが、この戦いの決着がつく前に別の場所で動きがあった。

なんと、留守にしていた中国地方で尼子残党が挙兵したのだ。尼子と大友が手を組むことを恐れた元就はすぐさま兵を戻し、こうして大友軍は北九州より毛利勢力を追放することに成功したのである。

稲葉山城乗っ取り
――軍師・半兵衛、鮮やかなデビュー

ささやかなれどドラマチック

竹中半兵衛による稲葉山城乗っ取り事件。一五六四年に美濃の国（現在の岐阜県の一部）で起きたこの事件の面白いところは、戦国時代のドラマチックなエピソードがしばしば全くの架空、もしくは事実を元にした創作であるのに対し、この事件は実際に起き

ていることだ。半兵衛は本当に少数の兵だけで、堅城と呼ばれた斎藤家の居城・稲葉山城を乗っ取ってしまっているのだ。動いた兵は少数で、起きた戦闘もごく小規模だが、だからこそのドラマチックさが目立つ。

なぜ半兵衛がこんな事件を起こしたのか、については幾つか説がある。まず当時の斎藤家当主・龍興が酒に溺《おぼ》れて悪政を行い、これを諫めるために行ったという説。また、半兵衛は龍興の側近から常日頃嫌がらせを受けており、特にある時頭の上から小便を掛けられたのが腹に据えかねたのだという説。さらに彼は美濃三人衆と呼ばれた重臣の一人、安藤守就《もりなり》の娘婿でもあったのだが、この守就と他の重臣との対立がきっかけとなった説などなど。

おそらくはこうした事情が幾つも重なって半兵衛は決断したのだろう。彼は守就に相談して説き伏せ、計画を打ち合わせる（この時、守就は協力を断ったとも）。そして二月六日、人質として城内にいた弟の持病が再発したという口実で十数人の供を連れて城内に入る。さらに案内を申し出る城の者たちを無視して広間に入り、そこにいた近侍の武士たちを斬り伏せてしまった。

この騒ぎに龍興は一度は立ち向かおうとするものの、「半兵衛だけで起こした謀反ではないはず」と周囲の者たちに押しとどめられて城外に脱出する。実際、半兵衛の手の者が城の鐘をつくと、これを合図に守就の兵が二千名ばかり駆け上ってきて、城をすっかり占領してしまったのだ。

鮮やかな引き際

城を追い出される形となった龍興は半兵衛に対抗するために兵を動かそうとしたが、日頃の行いのせいかなかなか上手くいかない。一方、半兵衛と守就は稲葉山城を占領すると城下の治安を維持し、住民の生活を守った。

そんな半兵衛のところには他の斎藤家臣たちから、協力の申し出や城の譲り渡しの要請などが舞い込んできた。さらに龍興やその父の義龍と対立し、何度も稲葉山城を攻めては敗れていた織田信長からは、城の代償として美濃の半分を与えるので味方になれ、という誘いまでやってきた。

しかし、半兵衛はそうした申し出を全て断り、これは一時預かったものに過ぎない、と言い切った。あくまで主君龍興に反省して頂くためにやったことなのだ、と言うのである。そして実際、半年後の八月になると半兵衛は龍興を呼び戻して城を返し、自分はさっさと隠居してしまう。

手口も鮮やかなら引き際も鮮やか、後の名軍師・竹中半兵衛のデビューとして実に鮮烈なものとなった。数年後、彼は木下藤吉郎（後の豊臣秀吉）の配下としてその知略を大いに振るうことになるのだった。

耳川の戦い

――受け入れられなかった主君への進言

二人の軍師が反対

戦国時代に行われた様々な戦いには、軍師が主君に進言しながらも受け入れられず、そのために敗北した合戦というものもある。その中で特に象徴的なのが、北九州の名門・大友家衰退のきっかけとなった一五七八年の耳川《みみかわ》の戦いだ。

一五七七年に薩摩（現在の鹿児島県の西部）の島津家が日向《ひゅうが》（現在の宮崎県）の伊東義祐《よしすけ》を攻撃すると、大友宗麟《そうりん》は救援のために出陣しようとする。しかし、この時に二人の軍師・角隈石宗《つのくませきそう》と立花道雪を始めとする部下たちが強く反対する。占いによって合戦の吉凶を占う軍師である石宗は不吉を理由に、またその弟子である道雪も占いを無視することの危険さを理由に、主君を説得する。

この時に道雪は、島津を攻めることは時期尚早と見て、それも主君を制止する大きな理由となっていたようだ。しかし、それでも宗麟は結局総勢四万五千の大軍を動かして出陣してしまった。

名門・大友家衰退のきっかけ

実際に両軍が衝突したのが耳川という川の周辺だったため、この戦いは耳川の戦いと呼ばれている。まず大友軍は高城という城を攻めるもなかなか落ちず、そうこうするうちに島津義久の軍勢が到着したために城攻めは中断し、耳川を挟んで両軍が対峙することになった。

大友軍側の強行渡河に始まった戦いはやや島津有利で展開するが、この時に宗麟率いる本隊は別の場所にいたため、それを投入すれば状況は大きく変わっただろう。ところが宗麟はその軍を動かさず、そうこうしているうちに翌日の戦いで大友軍は大きな損害を受ける。

この時、島津軍は川を渡ってくる大友軍へ散々に鉄砲を撃ちかけたのだ。これによって大友軍は潰走を始め、それが全軍に伝わって撤退となってしまった。

ここで大友軍が受けた被害は大きく、角隈石宗を始めとする多くの武将が戦死した。また、この結果を見て多くの周辺武将たちが大友を見限るようになり、また宗麟自身もやる気を失ってしまった。結果として大友は衰退し、代わって島津が一大勢力として台頭していくのである。

もしこの時宗麟が二人の軍師の言うことに耳を傾け、出陣を止めていたら一体どうなっていただろうか。状況は変わらなかったのか、それとも島津が台頭するようなことはなかったのか。非常に興味深いところだ。

秀吉の中国攻め
——「両兵衛」による三つの城攻め

竹中半兵衛と黒田官兵衛

豊臣秀吉（木下藤吉郎・羽柴秀吉）といえば、「両兵衛」と呼ばれる名軍師二人をその配下としていたことで有名だ。しかし、この両兵衛……既に「稲葉山城乗っ取り」で紹介した竹中半兵衛と、後に秀吉に警戒された黒田官兵衛の二人が共に秀吉の配下にいた時期がごく短かったことはあまり知られていない。半兵衛は秀吉が織田信長の命で中国地方を攻撃している際に病に倒れており、一方の官兵衛が秀吉の配下に加わったのは、まさにその中国攻めの中でのことだったからだ。

この戦いの中で秀吉は幾つもの強固な名城・堅城を相手取り、見事な策略によってそれらを陥落させている。そのために「城攻めの名人」という異名で呼ばれてもいるのだが、実はそうした策は半兵衛や官兵衛が考えたものだ、という説がある。

そこでここではその説を信じ、二人の名軍師の策略による三つの城攻めを見ていくことにしよう。この三つのケースに共通しているのは、味方に被害の少ない作戦をとっていることだ。ここで取り上げる以外にも中国攻めでは、裏切り工作や小勢力の自軍への引き入れなどを積極的に行っている。秀吉は「無駄な殺しをしない」武将として評判を取ったのだが、そこには軍師たちの活躍があったのだ。

三木城の干殺し

秀吉の中国侵略は現地の案内や諸勢力の説得などの官兵衛の協力もあって順調に進み、但馬《たじま》(現在の兵庫県北部)を平定したところで一度戻って信長に報告していた。ところがこの隙に、一度信長に帰順したはずの播磨(現在の兵庫県西部)三木城の別所長治《べっしょながはる》が一五七八年に毛利側に寝返り、他の勢力にも働きかけて反旗を翻《ひるがえ》す。

秀吉はすぐに播磨に戻って三木城を攻めるが、この戦いはかなり長く続くことになった。この城が播磨一の堅城と呼ばれる堅固な城であったため、まず周囲の城を落としていく作戦に出たのだ。

そうこうしているうちに、秀吉が落とした後尼子家の残党を立てこもらせていた但馬の上月城《こうづきじょう》が毛利家に攻められたため、こちらを守るために一度兵を退《ひ》く。しかし、結局上月城は放棄することになり、秀吉軍は、また三木城を取り囲み、さらに他の城を落として孤立させる作戦に戻る。

ところが、またしてもトラブルが発生する。包囲軍に参加していた荒木村重《むらしげ》が勝手に軍を戻し、あまつさえ反旗を翻してしまったのだ。この反乱はなんと一年にも及び、説得に赴いた官兵衛が捕らえられるという事件も起きた。

結局、三木城を落とすまでには二年の年月がかかった。この時に秀吉が取った策が兵糧攻めだ。周囲の城を落として孤立させ包囲することで、食糧補給をできなくしたのだ。三木城内の兵士は完全に餓《う》えてしまい、草の根や木の皮を齧《かじ》って餓えをしのぐしかなくなり、ついには降伏に至ったのである。

これが「三木城の干殺《ほしごろ》し」で、この兵糧攻め作戦こそが三木城攻めの陣中で病没した半兵衛の最後の策であった。

鳥取城の餓え殺し

どうにか但馬・播磨を平定した秀吉は、続いて一五八一年の六月末に鳥取城を標的とする。この時に城を守っていたのは毛利一族の吉川経家《つねいえ》だった。彼は鳥取が豪雪地帯であることから、十一月あたりまで時間を稼げばそれで十分秀吉を撤退させられると考えていたようだ。そして、鳥取城はそのくらいの時間を優に稼げる堅城のはずだった。けれど、その思惑は脆《もろ》くも崩れる。

ここで秀吉は官兵衛の進言を聞き入れて再び兵糧攻めを試みたのだ。この戦法は無理押しするより遥かに味方側の被害が少ないのだが、時間がかかるのが難点だ。実際、三木城攻めの際は様々なトラブルがあったとはいえ、二年の月日が必要だった。

それでも官兵衛と秀吉がこの作戦をとったのにはワケがあった。秀吉軍は実は城攻めを始めるより前に米を買い占めており、城の中の兵糧もすでに空《から》に近かったのだ。ここでさらに兵糧攻めをされたのだから、鳥取城はひとたまりもない。結局、城の兵から餓死者が続出したのが十月のこと。ついに経家は自刃して果て、城は明け渡された。この戦いは「鳥取城の餓え殺し」と呼ばれている。

高松城の水攻め

秀吉の中国方面攻撃、その最終局面となったのが一五八二年の備中《びっちゅう》（現在の岡山県南西部）の高松城攻めだった。秀吉はここでもまず周囲の城を切り取って高松城を孤立させ、また城主の清水宗治《むねはる》の元に官兵衛を派遣して裏切りを持ちかけてみたが、なかなか上手くいかない。

そこで官兵衛が提案したのが水攻めだった。というのも、この城は沼や池によって取り囲まれた平城《ひらじろ》で、城に行くためには数本の道しかなかった。これは守るのにも向いていたが、同時に周囲の川を増水させれば簡単に水浸しにできるということでもあった。

こうして工事が始まった。現地の農民たちに法外な額の給金を与えて突貫工事をさせ、農業のための溜池工事の技術が駆使され、川は十一日で堰《せ》き止め終わる。しかもこの時がちょうど梅雨時であったために、溢れた濁流はすぐに城を水没させてしまった。これが「高松城の水攻め」だ。

どうにか本丸だけは残ったが、備蓄した食糧は全て水没し、井戸も沈んだために水も泥水しか手に入らない。到着した毛利の援軍も秀吉軍に阻まれ、ついに講和の交渉が始まる。しかし、その条件で難航しているうちに京都より急報が秀吉の元に届く。それは本能寺で信長が殺されたことを知らせていた……。こうして時代は次の局面へと大きく動いたのだ。

今山の戦い
——奇襲を成功させ、会心の勝利

「一人この場で死ぬ」覚悟

少数による奇襲で大軍を破るのは、最もドラマチックな戦いの一つだ。この今山の戦いもまたそうだった。ここでは九州三強の一つ、龍造寺家の龍造寺隆信を支えた名軍師・鍋島直茂が活躍した。

龍造寺家がじわじわと勢力を拡大していた頃のことだ。一五六八年、大友宗麟の三万の大軍が来襲し、絶体絶命の危機に陥る。この時、龍造寺に味方する武将は佐賀城に十九将しかいなかった。

しかし、誰もが諦めかけた中、直茂は籠城しての徹底抗戦を主張し、一人この場で死のう、と叫んで畳を刀で斬って見せる。これに応じて隆信も、我も汝《なんじ》と同じ、と叫んで立ち上がり畳を斬ったため、諸将も覚悟を決めた。

この時は直茂と諸将による必死の抵抗に、毛利の脅威が近づいているという大友側の事情が重なって和睦となる。交渉の結果、龍造寺から人質を出すという事実上の敗北を意味する状態にはなったが、龍造寺家はどうにか生き延びることができたのだ。

敵の油断を的確に突く力量

しかし、しばらく後に毛利が兵を退き、さらに龍造寺の人質が大友の元を逃げ出して、事態は再び動き出す。宗麟は一五七〇年に六万とも八万ともいう大軍を起こし、今度こそ龍造寺を滅ぼそうと攻めてくる。この時の戦いが今山の戦いだ。

多くの者が再び降伏や籠城を提案する中、直茂は夜襲にうって出ようと呼びかける。

籠城は援軍のあてがなければ無意味であり、降伏は問題外だというのだ。これに再び隆信も賛成し、僅か十七騎の龍造寺軍は佐賀城を出発した。これほど人数が少なかったのは急な軍議に出席した重臣だけだったからで、移動中に数百騎にまで増えたが、やはり大友の大軍の前には多勢に無勢だ。

しかし、勝利を目前とした大友軍は今山という山に陣を敷き、その中腹に本陣を置いて、酒に酔って深い眠りについていた。そこで直茂は敵を迂回しながら山の頂上まで登り、そこから一気に駆け下りて本陣に雪崩れ込んだのだ。あっという間に大混乱になる中、大友軍の大将・大友親貞《ちかさだ》(宗麟の弟とも甥ともいう)が討ち取られ、これが全軍に伝わると同時に総崩れとなってしまう。直茂、まさに会心の勝利となった。

訓練された兵であっても、やはり油断しているところを夜襲され、また本陣が潰されてしまうと脆いのは変わらないのがこの戦いからよくわかる。そして、そこを的確に突くために味方をまとめることができるのが、名将・名軍師の証なのだ。

沖田畷の戦い

――功績甚大の軍師を疎んじた結末

上司の驕りが部下の心離れを誘う

さて、次に紹介するのは同じ龍造寺家が主役の戦いだが、今度は負け戦だ。龍造寺家がその勢力を拡大していく中で、龍造寺隆信は驕《おご》って遊興に興じるようになった。これを危うく思った直茂が諫めるが聞き入れられず、かえって疎まれて遠ざけられてしまう。

上司の驕りが部下の心離れを誘うのは何時《いつ》でも何処《どこ》でもだいたい同じことで、この時も従属していた豪族たちが彼を疎み始める。そして一五八四年、肥前（現在の佐賀県及び、長崎県の一部）島原の有馬晴信が島津家に内応すると、怒った隆信は大軍を動かして討伐しようとする。

この話を聞いた直茂は、駆け付けて出陣を思いとどまるように諫める。彼はこの戦いをあくまで地方の小さな戦と考えており、隆信自身が出陣するようなものではないと考えていた。また、彼を説得する際に「相手方は必死だがこちらはまとまりの弱い烏合の衆であるために不利だ」とまで言って必死に主君を止めようとした。

一方、隆信の目論見はどうやら有馬を攻め落とすだけでなく、そこからさらに軍を進ませて一気に肥後（現在の熊本県）南部、薩摩と攻めて島津を倒すつもりだったので、またしても直茂の諫言は聞き入れられない。今こそ決戦の時と心決めた隆信と、決戦には時期尚早と考えていた直茂とはどうしても意見が合わなかったのだ。

もしかしたら隆信は、功績甚大で口うるさいこの軍師のことが疎ましかったのかもしれない。とにかく、ここで直茂の意見を聞き入れなかったことが、隆信の命取りとなる。

島津の「釣り野伏せ」戦法

両軍は沖田畷《おきたなわて》（畷とは湿地帯の中に延びた小道のこと）という場所で対峙するが、兵数では龍造寺軍の方が圧倒的に有利だった。実際、戦いの序盤は龍造寺側の圧倒的優勢で進み、島津・有馬の連合軍は我先にと敗走していく。

しかし、これこそが連合軍の仕組んだ罠だった。沖田畷の畦道《あぜみち》を通って追撃する龍造寺軍の前に三部隊に分かれた伏兵が現れ、散々に鉄砲を撃ちかけてきたのだ。この島津軍が得意とする「釣り野伏せ（釣り野伏せり、とも）」戦法によって、龍造寺軍はすっかり混乱してしまった。悪いことにこの混乱の中で総大将の隆信が戦死してしまったため、龍造寺軍の混乱はさらに拡大し、敗走する。この戦いの結果として龍造寺は多くの領地や支配下の豪族を失い、一方で島津家はいよいよ勢力を拡大していくのだ。

九州の三強のうち、大友と龍造寺はそれぞれ軍師の言うことを聞かなかったがために島津に敗れてその勢力を減じた。しかしその島津も、やがては豊臣家の大攻勢に臣従を余儀なくされることになる。

秀吉の四国征伐
――官兵衛の策略でスピード勝利

総勢十二万、三方向からの進撃

信長の仇の明智光秀を討って以来、秀吉の快進撃は続いた。まず賤《しず》ヶ岳《たけ》の戦いにおいて旧織田家臣団で一番の実力者だった柴田勝家をやぶり、信長の後継者の地位を確実なものとする。また小牧・長久手の戦いでは徳川家康相手に苦戦しつつも、その後に家康が旗印としていた織田信雄《のぶかつ》を懐柔して相手を押さえ込み、さらに朝廷に近づいて関白の座を得る。こうして着々と天下統一の道を進む豊臣秀吉は、ちょうどその頃土佐（現在の高知）の長宗我部元親がほぼ統一したばかりの四国に矛先を向けるのだった。

彼は以前から秀吉に敵対する動きが目立ち、この時も阿波・讃岐《さぬき》・伊予（それぞれ現在の徳島・香川・愛媛）の三国を返上するようにという要求を当然の如く却下する。そこで秀吉は弟の秀長を総大将とする軍を四国に派遣する。それが一五八五年のことだった。この時、秀吉に臣従していた中国の大名・宇喜多家と毛利家からも兵を出させた。

この時は阿波から侵攻する秀長、讃岐から侵攻する宇喜多秀家・黒田官兵衛・蜂須賀正勝、そして伊予から侵攻する吉川元春・小早川隆景の「毛利の両川」と、総勢十二万余（八万や十万という説も）の大軍が三方向から一気に雪崩れ込んだ。しかし、元親も四国を統一した英雄だ。十分な備えはあった。彼は阿波の白地《はくち》城に本拠を構え、海岸線沿いの防備を構えて秀吉軍を待ちかまえる。

官兵衛、敵の脆さを疑う

こうして四国征伐軍は三方に分かれて進撃したわけだが、その中でも讃岐から侵攻する軍に対して、元親は植田城という小城を利用して撃退することを考えていた。

この城は讃岐と阿波をつなげる重要な拠点だったが、同時に攻めにくい城でもあった。ここに敵を誘い込んで時間を稼がせ、その隙に自分の軍でもって後ろから攻め込み、挟撃する。それが彼の戦略だったのだ。

しかし讃岐を進撃する中で、あまりの敵の脆さと、彼らが植田城の方へ逃げていくことを不審に思った人物がいた。それが官兵衛だ。彼は元親の企みを看破すると植田城を攻めず、軍を海岸線に沿って移動させて阿波の秀長軍と合流、まずは阿波を攻め落とそうとしたのだ。元親の策も考え抜かれたものだったが、官兵衛はその上を行ったわけである。

岩倉城の水攻め

さらに阿波を巡る戦いでも官兵衛は活躍する。それは岩倉城という城を攻めている時のことだった。この城もまた阿波の重要拠点で、攻めるに難しく兵の意気は軒昂、指揮官は元親の叔父で猛将と名高い親吉と、力攻めするのも謀略を仕掛けるのも難しい相手だった。

そこで官兵衛が仕掛けたのは水攻めだ。まず近くの吉野川から水を引いて城を孤立させ、その一方で大砲を散々に撃ちかけ、また兵たちに何度も鬨《とき》の声を上げさせる。高松城のところで触れたように水攻めは食糧を駄目にして水の補給を妨害するのでただでさえ兵の士気は落ちる。その上、頻繁に轟音に脅かされたのでは戦にならない。結局、岩倉城は戦うことなく明け渡され、名軍師・官兵衛の名はさらに高まることになる。

こうして讃岐・阿波で敗れ、またそれに前後する形で毛利軍にも伊予を落とされていたため、元親は秀吉軍に降伏する。秀吉は彼に土佐一国のみを安堵し、他の三国はそれぞれ部下たちに与えたのだった。

この四国征伐は大軍によって一気に決着がついた戦いでもあったが、元親が戦上手なだけにもっと長引く可能性は十分にあった。それをスピード解決に導いた要因の一つが官兵衛の見事な策略にあったのは間違いない。この後、秀吉は九州を席巻しつつあった島津家を九州征伐で押し返して傘下に入れ、さらに抵抗する北条家を小田原征伐で壊滅させ、天下統一を完成させるのだ。

人取橋の合戦

――槍の功でも主君を救った軍師

政宗の二本松城攻め

ここまで挙げてきた軍師の活躍は、戦場で策略をもって兵を操るか、裏切り工作などの謀略で敵の数を減らすかといったものだったが、軍師も戦場に立てば一人の武士だ。自分の部隊を率いて散々に暴れ回り、軍師としてだけでなく、槍の功で名の高い人物も珍しくない。

一五八五年に現在の福島県にあたる場所で起きた、人取橋の合戦での片倉景綱の活躍はその中でも特にドラマチックなものだ。彼は自分が養育係を務めた主君・伊達政宗に生涯付き従い、その軍師として活躍した人物だが、この戦いにおいてもその機転で主を見事に救っている。

この合戦のきっかけは、政宗が二本松城を攻撃したことだった。しかし、そこには一つのドラマがあった。実はこの戦いに先だって二本松城主の畠山義継《はたけやまよしつぐ》とは父・輝宗の取りなしで一度和睦が成立しかけたのだが、その酒宴の際に些細な食い違いから輝宗が拉致されてしまったのだ。

急ぎ義継を追った政宗は彼らを発見するも父親を人質に取られていて手出しができない。これを輝宗が一喝し、応えて政宗が部下に銃を撃たせると、義継は輝宗を殺し、また自らの命も断ったのだった……。

非業《ひごう》の死を遂げた父を弔うべく、政宗は激しく二本松城を攻めるが、降雪に悩まされて戦いが長引く。そして致命的な事態が起きた。輝宗の死を知った宿敵佐竹氏が蘆名《あしな》氏を始めとする諸勢力を集めて攻めてきたのだ。

「我こそが政宗なり」

決戦の場となったのは本宮城外の観音堂山の付近である。この時、連合軍は兵力二万五千（三万余とも）。それに対して伊達方はわずか八千と、戦力的には圧倒的に不利だった。実際、伊達勢は一方的に押しまくられ、敵兵は政宗のいる本陣にまで押し寄せた。慌てて駆け付けた景綱も敵の数の多さになかなか近づけない。

そこで一計を講じた景綱は、なんと我こそが政宗なりと宣言し、さらに政宗に対して景綱何をしているか、と叫んだのだ。これを聞いた敵兵は、叫んだ方が政宗で取り囲まれている方が景綱だと思いこんでしまい、景綱の方に群がってくる。こうして政宗は九死に一生を得たのだった。

けれど、戦いは依然として伊達勢劣勢のまま続く。合戦において要所となったのが人取橋という橋だったのだが、この攻防で死力を尽くしながらも、ついに政宗は本宮城へ退かざるを得なくなる。また、この時に殿《しんがり》を務めて奮戦の後に死んだ老将・鬼庭《おにわ》左月《さげつ》の戦いぶりは語り草になっている。

ところが、伊達を絶体絶命まで追いつめたにもかかわらず、その後連合軍側は撤退し、伊達勢は敗北を免れる。理由は連合軍で重要な役割を果たしていた佐竹義政が死んだせいだとも、また佐竹氏の領地に他勢力が攻め込んできたせいだともいわれ、諸説ある。人取橋の合戦は政宗の生涯でも一、二を争う危機であり、景綱の機転や家臣たちの奮戦がなければ、その後の彼の活躍はなかったかもしれない。軍師にはこうした活躍もあるのだ。

関ヶ原の合戦
――百人を倒すより千人に裏切らせる

はるかに有利だった西軍

一六〇〇年に勃発した関ヶ原の合戦といえば、戦国時代の終焉を飾った天下分け目の合戦だ。徳川家康の率いる東軍と、石田三成の（名目上の指揮官は毛利輝元だったが）率いる西軍は美濃（現在の岐阜）の関ヶ原にて大いに戦い、激戦の末に軍配は家康の東軍に上がった。

ところがこの戦い、戦場での両軍の布陣だけを見ると西軍の方がはるかに有利だった。そもそも西軍の方が数が多い上、東軍は西軍に取り囲まれる形で布陣していたのだ。実際、明治時代に日本陸軍の軍事顧問として来日したドイツのクレメンス・メッケル少佐が、この布陣の様子を見てすぐに西軍の勝ち、と断言したという話が伝わっている。

しかし、結果は全く逆になった。そして、その陰には両軍の軍師たちが張りめぐらした様々な策謀があった。まず決戦に至る両陣営の動きから見てみよう。

そもそもの発端は、天下人・豊臣秀吉の死だ。これによって石田三成ら文治派と加藤清正・福島正則ら武断派が分裂し、その隙を突いて実力者の徳川家康が動き始めた。家康は東北の雄・上杉景勝を攻めるために諸大名に呼びかけて兵を挙げ、一方で三成は自分と同じ五奉行の増田《ました》長盛、毛利の使僧の安国寺《あんこくじ》恵瓊《えけい》らと語らい、また本来東軍につくつもりだった大谷吉継《おおたによしつぐ》を説得して西軍を組織する。

この時、三成は自分自身が総大将の地位に就くつもりだったが、その横柄な性格を気にした吉継の勧めによって、毛利輝元を総大将として担ぐことになった。そもそも輝元は豊臣政権下において家康と同格の五大老という地位にあったから、その権威を利用しようという意図もあったのだろう。

また、もう一つの三成の欠点として、武断派との仲の悪さがあった。彼は豊臣政権を支えた名官僚だったが軍事面での功績は全くなく、そんな彼が出世して秀吉の寵愛を受けるのが、自分たちの活躍で天下が統一されたという自負のある武将たちからすると憎くてたまらなかったのだ。

西軍が挙兵すると家康は即座に上杉攻めを止め、兵を戻す。この時、彼の元にいた本来豊臣配下の大名の多くがそのまま彼に従う。実はこの陰には家康と綿密に打ち合わせをしていた藤堂高虎《とうどうたかとら》・黒田長政（黒田官兵衛の子）らの裏工作があった。彼は福島正則を始めとする大名たちに接近し、「豊臣の家のために動かなくてはならない」「三成をこそ打倒するべきだ」と焚きつけて回ったのだ。元から三成を嫌って家康を信用していた彼らはすっかりこの話に乗せられてしまい、軍議の席で福島正則が家康との打ち合わせ通りに三成打倒を叫んで先鋒を志願すると、ほとんどがそれに従うことになった。

さらに東軍の策謀は続く。家康は諸将を西進させる一方で、自分は江戸にとどまって諸大名への手紙を書いて彼らを味方に付けようと動いたのだ。さらに、藤堂高虎と黒田長政の両名に、東軍の諸将の監視・取りまとめと西軍戦力の切り崩しをさせる。

長政は秀吉の甥で三成と仲が悪かった小早川秀秋を口説き、さらに元から東軍に参加するつもりだった毛利の親族・吉川広家と内応して、毛利軍が決戦の際に動かないようにと要請する。また高虎は脇坂安治《やすはる》、小川祐忠《すけただ》、赤座直保《なおやす》、朽木元綱《くつき》の四将を「小早川秀秋も東軍に寝返るから」と口説いて裏切りを勧めた。

もちろん、西軍も自らの戦力を高めようと様々に動き出していた。まず、先ほど述べたように安国寺恵瓊を通じて毛利輝元を総大将に担ぎ上げる。さらに、不審な動きの目立つ小早川秀秋に、豊臣秀頼が成人するまでの間の関白職への就任と所領の加増を持ちかけ、裏切りを阻止しようとする。実際この条件はかなり魅力的だったようで、秀秋はかなり悩むことになる。

上田城攻防戦

西軍が京都の伏見城を陥落させ、三成が美濃の大垣城に入る一方、東軍も東海道を進んでいた先発隊が岐阜城を落として、家康も江戸城を出る。

これとは別に家康の三男徳川秀忠が、徳川軍の主力を率いて中山道を進んでいたが、なんとこの兵力が関ヶ原の決戦に参加することはなかった。信濃を進軍中に西軍・真田昌幸が籠もる上田城を攻撃したものの、昌幸とその子の幸村（これは通称で、実際の名は信繁《のぶしげ》）の知略に翻弄されて攻め落とせず、ここで時間を浪費したこともあって決戦に間に合わなかったのだ。

この遅刻に関しては、家康は最初から主力部隊を温存するつもりだったという説や、命令や天候のタイミングから考えて、元々間に合うはずがなかったといった秀忠を弁護する説もある。しかしいずれにせよ、大軍に囲まれながら真田親子が果敢に戦ったのは間違いない。

この時の戦いはまず、秀忠の軍が狩り働き（敵の城周辺の水田の米を収穫してしまい、兵糧攻めとこちらの兵糧獲得の両方をすること）をしたところから始まったようだ。これに対して上田城からは数十人の兵士しか出てこなかったため、秀忠はこの兵を甘く見て部隊を城に向かって進める。

ところが、これこそが真田の罠だった。不用意に近づいた秀忠軍に対して城から鉄砲が撃ちかけられ、夥《おびただ》しい犠牲者が出た。しかもこの敗北によって秀忠はすっかり疑心暗鬼に陥ってしまい、積極的に攻めることができなくなってしまう。こうして昌幸・幸村は時間を稼ぎきったのだ。

杭瀬川の戦い

さらに決戦前日、三成の軍師として名高い島勝猛《かつたけ》（島左近の名で知られる）が前哨戦を提案する。敵が陣取った場所の付近を流れる杭瀬川に兵を出し、敵を誘い出そうというのだ。この策は見事にあたって、誘い出された東軍の一部は散々に打ち破られた。

この夜、島津義弘らがさらなる夜襲を提案し、ここで一気に東軍を打ち破ろうとしたものの、三成はこれを認めなかった、という逸話が伝わっている。義や理を大事にする三成が夜襲という戦法を認めなかった、という彼らしいエピソードだ。ただ、この話は正確な資料の形で残っていないことなどから、架空の話ではないかという疑いもある。

ともかく西軍が東軍に打撃を与え、しかし内部分裂の火種を抱え込んだまま、運命の九月十五日、関ヶ原決戦の日がやってきた。

三成の構想はなぜ破綻したか

三成は笹尾山、宇喜多秀家は天満山、小早川秀秋は松尾山、そして毛利秀元（輝元の養子。輝元は大坂城に残って出陣しなかった）は南宮山。関ヶ原の盆地に布陣した東軍に対し、西軍は鶴翼《かくよく》の陣（鳥が翼を広げたような横に広がった陣形）ですっかり包囲する形に取り、最初に述べたように陣形としては有利だった。

実際、おりからの濃霧が薄まってきた頃に、松平忠吉と井伊直政が本来の先鋒を差し置いて抜け駆けしてからの序盤の二時間、西軍は戦況を優位に進めていた。この時、島津・小早川・毛利がそれぞれ戦闘に参加していなかったにもかかわらず西軍有利だったことを考えると、三成の構想通りに戦闘が進めば西軍の勝利は間違いなかっただろう。

しかし、三成が使者を出しても島津は動かず、狼煙《のろし》を上げても小早川も毛利も動かない。島津が参戦しなかったのは、前夜の夜襲を却下されたことを恨みに思っていたのだとも、兵力が少なかったためだともいう。また、そもそも島津の出番が来る前に戦闘が終わってしまったのだという説もある。

小早川・毛利が動かなかったのは黒田長政・藤堂高虎の調略のせいだ。秀秋は東軍に味方するつもりだったが、西軍有利の状況に動けなかった。また毛利秀元は西軍として戦闘に参加するつもりだったが、吉川広家に押しとどめられた。この時、安国寺恵瓊の出陣要請を受けるも動くわけにいかなかった秀元が、苦し紛れに「今、弁当を使わせている（食べさせている）のだ」と言ったとされ、これが「宰相殿の空弁当」という言葉になって残っている。

秀秋は、戦闘が続き、正午になってもまだ軍を動かさない。気持ちは家康寄りだったが三成の提案も魅力的で、また戦場は西軍有利で進んでいたからだ。これに堪忍袋の緒が切れたのは家康だった。鉄砲隊を動かすと松尾山に向かって威嚇射撃をさせ、「出撃せよ」と督促したのである。

この銃撃に驚いた秀秋は西軍に向けて兵を進める。まさにこの時、関ヶ原の戦いの決着はついたといっていいだろう。東軍を両の翼で捕らえていたはずの西軍だったが、片翼は最後まで動かず、それどころかもう片翼は自分を傷つけてしまったわけだ。これではどれだけ優位な布陣をとっても勝てない。

大谷吉継は秀秋の裏切りに逆襲を加え、一時は五百メートルばかりも小早川軍を後退させる。しかし、ここで藤堂高虎の調略を受けていた脇坂安治、小川祐忠、赤座直保、朽木元綱らの四将が傍観を止めて秀秋に同調し、吉継を攻める。本来は秀秋の裏切りに備えて布陣させていた四将まで裏切っては為《な》す術《すべ》もなく、彼は自害して果てた。この時彼は「三成、地獄で会おうぞ」とも「金吾《きんご》（秀秋のこと）めは人面獣心なり、三年の間に祟《たた》りをなさん」とも言ったと伝えられている。ちなみに、秀秋が死んだのは二年後のこと、心の病だったと言われている。

ほかにも、島勝猛が敵軍に突入して奮戦するも銃弾に倒れたり、島津義弘が敵陣の中を突破して撤退するといった活躍を見せる者はいたが、一度崩れた西軍を立て直すことはできない。敗北が濃厚になると石田三成・安国寺恵瓊は戦場を逃れ、のちに捕らえられて六条河原で斬首された。こうして関ヶ原の戦いは東軍の勝利に終わったわけだ。

東西軍師、陰の総力戦

こうして関ヶ原の戦いの流れを見てみると、その中で軍師たちの存在がどれだけ大きかったかがよくわかる。

西軍の側から見れば、大谷吉継と安国寺恵瓊が毛利輝元を担ぎ出したことや、島勝猛が杭瀬川の戦いで東軍に打撃を与えたことが大きな意味を持っていた。また、島津義弘の夜襲が行われていたら、関ヶ原の決戦はまた違う形になっていただろう。

一方東軍の側から見れば、黒田長政・藤堂高虎の調略が勝因となっていたのは間違いない。毛利の不戦と小早川の裏切りこそが東軍不利の形勢をひっくり返し、西軍軍師の動きを無意味なものにしてしまったのだから。

関ヶ原の戦いは非常に大きな規模の戦いであったがゆえに、各武将の活躍よりも遥かに軍師たちの策謀が力をもった戦いであった。百人を倒すのではなく、千人を裏切らせる。それが軍師の働きなのだ。

石垣原の戦い
――黒田官兵衛、最後の賭け

自ら天下取りに動く

こうして関ヶ原では天下分け目の決戦が行われたが、実はこの戦いに呼応する形で全国的に戦いが巻き起こっていた。これらを総称して関ヶ原の役、などと呼んだりもする。中でも九州で行われた戦いは、一人の天才軍師がその野望のために立ち上がって見事な活躍を見せた、という点で特筆すべきものだ。その軍師の名は黒田官兵衛。

彼は秀吉の天下取りに大いに貢献した。しかし、戦乱が終わるとその参謀としての立ち位置を石田三成に取って代わられるようになり、またその鋭い知略を秀吉に警戒されるようにもなっていた。そこで彼は領国の豊前《ぶぜん》（現在の福岡県東部及び大分県北部）の中津に隠居したのだが、その一方で常に天下の情勢をうかがっていた。

浪人、百姓、町人の寄せ集め

そして一六〇〇年、石田三成の挙兵と徳川家康の動向を聞いた官兵衛（当時は既に出家して如水《じょすい》と呼ばれていた）は今こそまさに最後の賭けに出る時、と行動を起こす。この時彼は東軍として挙兵したのだが、実は心中では九州を占領したのちに中央に攻め上がり、一気に天下を奪い取るつもりだったのだ。官兵衛は決戦には一カ月はかかるとふみ、それなら自分がつけ込む隙は十分にあると考えたのだ。これこそまさに、かつて秀吉が恐れた男の面目躍如といえる。

しかし、黒田家の兵は既に家督を譲ってある息子の長政が連れて行ってしまったため、官兵衛に動かせる軍勢はない。そこで彼は広く兵を募集する。集まってきた者たちは食い詰めた浪人や百姓、町人などで、まさに寄せ集めを絵に描いた状態だったようだ。

そこで彼は集まった者たちに気前よく金銀を分配してやり、また一人一人の前に歩み寄って誠心誠意激励したので、兵たちの意気はいやがおうにも上がってゆく。中には小ずるいものがいて分配金を二重三重に取ったものもいたが、官兵衛はこれを知っても笑って咎《とが》めることがなかった。

関ヶ原決戦をめぐる誤算

こうして挙兵した官兵衛は瞬《また》く間に周辺の領主たちを吸収し、その兵力を拡大させていく。しかし、実はこの時、彼と同じように野心を持って挙兵していた武将がもう一人いた。それが大友宗麟の子、義統《よしむね》だった。

既に述べたように大友家は古くから九州に大きな勢力を持っていた有力大名で、戦国時代には九州三強の一つにも数えられていた。しかし宗麟の時代に一時拡大するも没落し、秀吉に従うことになった。

しかもその後の朝鮮出兵の際に、義統が味方を救わずに逃げてしまったせいで秀吉の怒りに触れ、ついに取りつぶしの憂き目にあう。以来、彼は毛利輝元の元に預けられていたのだが、関ヶ原の戦いにあたっては西軍に参加して毛利の兵を借り、かつての領地を取り戻そうと兵を挙げたのだ。

この義統の軍が東軍側の城を攻めたために官兵衛はその城を救援に向かい、途中の石垣原という溶岩がゴロゴロと転がっていたところで決戦となる。兵力では官兵衛側が勝ったものの、義統の元には大友の旧臣たちが集結して奮戦し、かなり手こずらせたようだ。しかし、結局は官兵衛が圧倒的な勝利を飾り、義統は降伏する。これが奇しくも九月十五日、関ヶ原で決戦が行われた日のことだった。

その後、官兵衛は西軍側の城を攻撃していくが、安岐《あき》城を落として富来《とみく》城を攻めていた時に、彼の元に報告が入る。九月十五日、東軍勝利。当初見立てていた一月どころか、たった一日の決戦で天下は家康のものになってしまった。こうして稀代の軍師の最後の賭けは終焉を迎えたのである。

息子の働きで父の野望が頓挫

この挙兵の後日談的なエピソードが幾つか伝わっている。既に述べたとおり、関ヶ原の戦いにおいて官兵衛の息子・長政は謀略で活躍し、また戦場の働きでも功績を上げた。ところが、このことを家康に褒められて得意満面で父の元に報告に来た息子を、官兵衛は一喝してなじった。息子の活躍に足を引っ張られて自分の野心をあきらめざるをえなかったのだから無理もない。

実際、長政が家康の指示のもとに行った謀略の数々がなければ、関ヶ原の結末はどこに転がっていたかわからない。そして、そうなっていれば官兵衛の賭けもまた違った結果に辿り着いていたかもしれない。父の野望が息子の働きによって頓挫した、というのはなんとも皮肉なことではないか。

このことは官兵衛にとっても大変に痛恨な出来事であったようで、臨終の際にも長政に「あの時三成がもう少し長く戦っていれば……」と悔やんだという。官兵衛の無念はいかばかりだっただろうか。

大坂の陣
——天下の大坂城を裸にした謀略

戦国時代、最後の戦い

それでは、戦国時代を飾る最後の合戦——大坂の陣について見ていこう。徳川家康は関ヶ原の合戦に勝利してその後の天下を主導する立場に着くが、豊臣秀吉の子・秀頼と天下の堅城・大坂城は未だ残っていた。幕府を作って日本全体を支配しようという家康の企みにおいて、やはり豊臣家は最大の障害として残っていたのだ。

一方の豊臣側としても、本来臣下であるはずの家康が我がもの顔で采配を振るっているのは我慢のならないことだった。しかも徳川側はあの手この手の方法で豊臣家を挑発し、合戦をそちらから起こさせようとする。

こうした謀略の中で最も有名なのが、一六一四年の方広寺の鐘銘事件だ。徳川家は豊臣家が再建したこの寺の鐘に刻まれた「国家安康」「君臣豊楽」という言葉にケチを付ける。「国家安康」は「家康の名を分断している」し、「君臣豊楽」とは「豊臣が楽しむ」の意味だとしたのだ。

この明らかな挑発行為とその後の交渉の失敗をきっかけにして、同年に大坂城側が合戦の準備を始め、徳川幕府も兵を起こす。いよいよ、戦国時代の終焉を告げる最後の戦いの幕が上がるのだ。

浪人五人衆の奮戦

まず豊臣家は本来豊臣に従っていたはずの大名たちに出陣を要請するが、応えたものはおらず、かえってそれらの大名たちの多くが徳川側として参加する始末だった。彼らは皆、天下を取るのはもはや豊臣ではなく徳川だと考えていたのだった。

しかし、この時まだ大坂城には秀吉が蓄えた莫大な金銀が残されていた。そこでこれに惹《ひ》かれた者やまた徳川に恨みを持つ者など、数多くの浪人衆が集結した。中でも真田幸村、長宗我部盛親、後藤基次《もとつぐ》、毛利勝永、明石全登《ぜんとう》の五人は五人衆と呼ばれた。

ただ、元から大坂城にいた豊臣臣下たちと浪人衆では意見が対立することも多く、その場合浪人衆の意見が却下されることが多かった。例えば、幸村は単純に大坂城に籠城するのではなく、まず近江の瀬田川まで軍を進めて幕府軍を迎え撃ち、諸大名が味方に付くよう状況を整えるべきだと提案した。籠城するのは諸大名が味方に付かないとわかってからでも遅くない、というのだ。しかし、この意見が採り上げられることはなく、豊臣軍は大坂城に立てこもってまず第一の戦い、大坂冬の陣を戦うことになる。

さて、実際に戦端が開くと、豊臣軍と浪人衆は幕府の大軍を相手にして互角以上に戦ってみせる。特に幸村は真田丸という砦を大坂城に築き、ここに立てこもって幕府軍を蹴散《けち》らした。ちなみに、この時真田丸が作られた場所は、秀吉が生前に「ここだけが大坂城の欠点だ」と言っていたところだという話がある。

そうこうしているうちに幕府軍は、兵糧の欠乏や冬という状況による士気の低下が目立つようになり、和平交渉を始める。一方の豊臣軍も大筒で天守閣を攻撃され、城を実質的に支配していた秀頼の母・淀殿が怯えてしまい、これに応じる。

和平の名を借りた謀略

こうしてひとまず戦いは終わったかに見えたのだが、謀略という意味では全く終わってはいなかった。この時の和平の条件として「本丸を残して二の丸、三の丸を破壊すること」「堀を埋めること」などがあったのだが、徳川家がつけ込んだのは堀についての条項だった。

この時、豊臣側としては堀とは外堀のことだけのつもりだったのだが、徳川側の交渉担当だった本多正純《まさずみ》は全部の堀のことである、として工事を強行し、堀を全て埋めてしまう。天下の堅城・大坂城とはいえ、堀を全て埋められてはただの裸城である。このあまりにも強引な謀略は、徳川が大坂城を恐れていたこと、そして何よりも和平が本当に一時的なものであることを如実に表している。

明けて一六一五年の五月、再び戦いが始まる。この時の戦いは大坂夏の陣と呼ばれ、これが実質的に戦国時代の最後の戦いとなった。

既に堀を埋められていた豊臣側としてはもはや大坂城に頼ることはできず、今度は積極的に打って出る。しかし、ただでさえ数に劣る側が野戦を挑んでも、なかなか勝てるものではない。次々と敗れ、ついに大坂近辺にまで追い込まれる。それでも幸村は道明寺の合戦で伊達軍を押しとどめるなど気を吐くが、この戦いも有力武将の後藤基次（又兵衛の通称で知られている）や薄田兼相《すすきだかねすけ》を失うなど、辛い戦いだった。

幸村、ついに力尽きる

いよいよ豊臣軍は追いつめられ、大坂城近郊で最後の決戦を挑むことになった。この時の彼らの奮戦ぶりは語り草になっているが、中でも最も華々しく活躍したのはやはり幸村だった。伊達政宗隊を撃退して松平忠直隊を突破すると、残った僅かな手勢のみを率いて徳川家康本軍に三度にわたる強行突撃を仕掛けたのだ。

そのあまりの勢いに本陣を守る旗本が崩れ、馬印が倒れ、家康自身も死を覚悟した。家康の馬印が倒れたのはかつて三方原《みかたがはら》の戦いで武田信玄に大敗を喫した時以来だ、ともいう。

しかし、三度目の突撃の際にさしもの幸村も力尽き、この報を聞いた豊臣勢は総崩れになる。この翌日に豊臣秀頼・淀殿母子は大坂城内で自害を遂げ、大坂城もまた炎上する。こうして徳川家康は戦国時代の勝者として江戸時代を築いていくことになったのだった。

もし幸村が軍師だったら

真田幸村は勇将・英雄として語られることは多いのだが、軍師として語られることはあまりない人物だ。それは彼の最大の活躍の場である大坂の陣において、あくまで部隊長的な立ち位置で戦ったからだろう。

しかし、どうもそれは彼の資質的な問題ではなく、当時の大坂城内部の問題であったように思える。もし、幸村が豊臣軍全体の軍師として大きな働きができていたら、戦いの結末はどうなっただろうか？　同じように徳川の勝利に終わったのか、それとも……。

また、大坂の陣について考える時に忘れてはならないことがある。天下の大坂城を無力化したのは徳川自慢の大筒でも大軍でもなく、和平交渉にかこつけた堀の埋め立てだった、ということだ。これによって豊臣軍は夏の陣において籠城戦術を使えなかったわけだから、策略・謀略によって合戦の勝敗が分かれた決定的なケースと言える。


ある時は敵軍の力を弱め、またある時は味方の士気を上げ、戦場ではよりよい状況を作って勝機を摑み、時には身を挺して主を守る、それが名軍師というものなのだ。

しかし、軍師はあくまで主君を補佐する存在だ。だから、主と仲違いをして進言を受け入れられなかったりすると、どれだけの名軍師であっても力を発揮できないことになるので、名軍師は良い大将があってこそ、ということでもあるのだ。

第三部　名軍師、その生涯と運命

名軍師たちが活躍した合戦の紹介に続いて、それぞれの軍師たちの経歴や彼らにまつわる逸話について見ていこう。この項では、十六人の名軍師たちの人生を紹介する。主君の代替わりを目にしながら長年その家を支え続けた忠臣や、自分が教育係を務めた大名を補佐した者、そしてその主の志にうたれて仕えるようになった者などなど、様々な軍師たちの生き様がここにある。

太原雪斎

——家康にも影響を与えた、今川家の軍師僧

義元に軍学、京文化を伝授

今川義元といえば桶狭間の戦いで信長の奇襲に敗れた人、というイメージしかないかもしれない。だがこの今川義元、実は絶頂期には駿河・遠江・三河から尾張の一部（現在の静岡県、愛知県東部及び愛知県西部の一部）を支配した、当時有数の勢力を持つ戦国大名だった。武田信玄が激しく警戒し、家康の前に「海道一の弓取り（東海道で一番

の武将の意味）」と呼ばれ、「天下に最も近い男」とも呼ばれていた男、と言えば彼がどれほどの人物であったのかが伝わるだろうか。

その今川義元の師であり、軍師でもあったのが太原雪斎（もしくは崇孚《すうふ》）だ。義元は駿河の名門今川家の当主・今川氏親《うじちか》の五男で、本来は家督を継ぐべき人物ではなかった。そのため出家させられた彼には、同時に教育係がつけられた。それが雪斎だった。

彼は今川家の重臣の息子で、最初は駿河の、次は京都の寺で修行をしていた。この頃の名を九英承菊《きゅうえいしょうぎく》という。しかし氏親によって駿河に呼び戻され、義元（幼名は芳菊丸）と共に寺で過ごす。この生活の中で、雪斎は義元に様々な教育を施している。

当時の僧侶は漢文を読めたことから軍学書などにも詳しく、また彼は京での生活も長かったので京文化にも詳しかったことだろう。のちの名将としての義元や、駿府に公家風の文化を花開かせた義元の背景に、この時期の教育があったのは間違いない。

義元と雪斎を取り巻く状況が変わったのは父が死に、一五三六年、その跡を継いだ兄の氏輝《うじてる》も死んだ時のことだった。ここで勃発したのが花倉の乱という今川家の内乱だ。寺から呼び戻された義元は異母兄で同じく出家していた玄広恵探《げんこうえたん》と家督争いをすることになる。

とはいっても、実質的に争っていたのは両名の母（義元の母は氏輝の母でもあり、実質的な当主として今川家を仕切った寿桂尼《じゅけいに》だった。一方、玄広恵探の母は有力家臣の福島左衛門の娘）だったが、この時に雪斎は義元を当主にするべく重臣たちの説得工作を行っている。その活躍もあって今川家中も義元支持で固まり、玄広恵探は自刃して果てた。

当時稀な三国同盟締結に成功

こうして義元が還俗《げんぞく》（一度出家した人間が俗世に戻ること）して今川家の当主となると、雪斎は彼の軍師として様々に活躍するようになる。まず外交面では周辺国との折衝に努め、武田・北条・今川の三国同盟の締結に重大な役割を果たした。

まず氏輝の時代まで対立していた甲斐（現在の山梨県）の武田氏との融和に努め、同盟を結ぶことに成功する。さらに、義元はしばしば相模（現在の神奈川県のほぼ全域）を中心に関東を支配する北条氏康と戦っていたのだが、雪斎は早くからこの対立は得策ではないと言い続けていた。そしてついに今川義元・武田信玄・北条氏康の三者に手を結ばせることに成功するのだ。

こうした三国同盟というのは当時では大変珍しいことだった。彼がこれだけ活躍できた理由としては、僧侶という階級は軍学を始めとする学問に詳しく、また各地を自由に歩き回れたことから外交的にも便利だったことがある。

また、軍事面でも彼の活躍はめざましいものがあった。義元のために様々な献策をする軍師としてはもちろん、既に述べた小豆坂の合戦において、彼は墨染めの衣を纏《まと》って馬を駆り、総指揮官として堂々と戦ってみせている。

さらに内政面でも彼には大きな功績がある。東国では最古の分国法（戦国大名が自分の領地を治めるために作った法律のこと）である「今川仮名目録」三十三条にさらに二十一条を付けたし、寺社・仏教の統制や商業政策での在来商人の保護など、今川家の繁栄に大きな役割を果たした。

死後ほどなく今川も滅亡

このように雪斎が今川家の中で果たした役割は非常に大きく、そのために「今川家は坊主がいなければ国を保つことができないらしい」などと揶揄《やゆ》されることもあった。実際、彼が一五五五年に没すると五年後には義元が桶狭間で奇襲に倒れ、そのあとを継いだ氏真《うじざね》は家を守ることができず、今川家は滅亡してしまう。まさに雪斎こそが今川家の命運を握っていたのかもしれない。

また、彼が果たした歴史的役割として、もう一つ、重大なものがある。それは松平元康、のちの徳川家康に影響を与えた、という点だ。先にも触れた安祥城攻めの際に改めて今川家の人質となった彼の後見役を務めたのが雪斎だった。今川家を支えた当時有数の軍師から教育を受けたことが、のちに長い忍耐の末に天下を摑んだ家康の戦略に、大きな影響を与えたことは間違いない。

山本勘助
——すべてが謎に満ちたオカルト軍師

『甲陽軍鑑』だけで語られる

山本勘助といえば、武田信玄の軍師として、また第四次川中島の戦いでの「啄木鳥作戦」の提案者として、非常に有名な人物だ。ところが彼は実在したかどうかが大変に疑われていた人物でもある。

彼の存在は主に、江戸時代に甲州流軍学を広めた小幡景憲《おばたかげのり》が書いたとされる『甲陽軍鑑』という軍学書に記されていたのだが、他の信頼できる資料には彼の名前が長らく発見されていなかった。近年になってついに彼の名前が記載された資料が見つかったのだが、すると今度はその資料の「山本勘助」が『甲陽軍鑑』に書かれていたような信玄の軍師だったのか、それともあくまで伝令将校的な役割の人物にすぎなかったのか、とまった意見が分かれてしまった。

このように存在自体が謎に満ちている勘助は、生まれについてもよくわかっていない。長じると諸国を放浪して剣術や軍学などを学び、その後に築城術、つまり城の建築や城攻めの技術をかわれて信玄に仕える。外見としては、片目と足が不自由で風采の上がらない男だったという。

「幻の合戦」に初めて登場

『甲陽軍鑑』には、勘助が出陣した戦いとして三つの合戦が挙げられている。碓氷《うすい》峠の戦い、戸石合戦（砥石合戦とも）、そして第四次川中島の戦いだ。この他に上田原の戦いでも策を講じて勝利に貢献したとされているが、この時出陣したかどうかはさだかではない。

まず、現在の群馬県と長野県の狭間の峠で行われた碓氷峠の戦い。これは勘助の名前が初めて登場する合戦だ。ところがこの戦いにおいて勘助がどのような働きをしたのかについては一切書かれていない。それどころかこの合戦自体が、他の信頼できる資料では全く確認のできない、「幻の合戦」なのだ。「幻の軍師」山本勘助が初めて登場する戦いもまた幻だった、というのは少々話ができすぎだろうか。

一方、戸石合戦は実在した戦いだ。それどころか、この戦いは信玄にとって大きな意味を持つものだった。なぜなら、この合戦で武田軍は大敗を喫し、それが「戸石崩れ」という言葉になって残るほどだったのだ。そして、その大敗を最後のところで救ったのが山本勘助だった。

その頃、信玄は信濃（現在の長野県）の村上義清と戦っていた。そこで一五五〇年に村上側の戸石城を攻めていたのだが、この城は東西が崖に囲まれていて攻めづらく、一カ月戦っても落ちなかったために撤退することになった。撤退戦こそが古来最も難しい戦いと言われているとおり、ここで信玄は散々に敗れてしまう。

しかし、ここで立ち上がったものがいる。もちろん、勘助だ。彼は小勢を率いて出撃すると村上軍を引きつけて誘導し、その隙に他の武田軍の態勢を立て直させた。さらに本隊が攻撃を仕掛けている間にそれぞれの部隊に赴いて士気を上げ、どうにか勢いを盛り返すことに成功する。

この後、『甲陽軍鑑』には苦戦しながら戦場を確保し、勝ち鬨を上げた……とあるが、おそらくこれは誇張で、実際には過酷な撤退戦の中でもどうにか陣構えを整えて退くことができた、ということだろう。

第四次川中島の戦いの「啄木鳥作戦」

そして、勘助の最大の見せ場であり、最後の戦いとなるのが第四次川中島の戦いだ。

一般的にはただ川中島の戦いと呼ばれているが、実際には武田信玄と上杉謙信は何度も千曲川《ちくまがわ》と犀川《さいかわ》とが合流する三角地帯・信濃の川中島で戦っており、そのうち「啄木鳥作戦」や信玄と謙信の一騎打ちで有名なのが一五六一年に行われた第四次川中島の戦いだ。

この時謙信は妻女山に籠もり、信玄は海津城に入った。この時、勘助が考案したのが「啄木鳥作戦」だ。彼は二万の軍勢のうち一万二千に妻女山の上杉軍を攻めさせれば、勝敗にかかわらず敵は山を下りて川を越えるだろうから、そこを八千の軍勢で攻めればよい、と信玄に提案した。啄木鳥が木を突くように、上杉軍を山から突き落とそうと考えたのだ。

ところが、この策は謙信によって完全に見破られていた。彼は夜のうちに山を下りて川を下っていたため、翌朝に信玄の率いる八千の軍勢と謙信の軍勢が激突する。この戦いは上杉軍有利で進み、責任を感じた勘助は敵軍に突撃して奮戦するも討ち取られてしまう。しかし、そこにようやく武田の別働隊が間に合って上杉軍を挟撃したために謙信は軍を退き、ここに第四次川中島の戦いは終結する。

築城のエキスパートとして

こうして信玄の軍師として活躍し、川中島に散った勘助はどのようなタイプの軍師であったのか……といえば、これもやはり謎に包まれている。ある説では易や風水、陰陽《おんみょう》道《どう》といったオカルトな部分に通じ、いわゆる「軍配者」と呼ばれる古いタイプの軍師であったという。

またある説では、築城術のエキスパートとして信玄にその腕をかわれた、様々に策を講じる「参謀的軍師」の走りであった、とされている。この時代、築城に長けている武将は同時に城攻めにも長けていることを示していたため、勘助のような人物は大いに重宝されたのだ。実際、彼については、諏訪《すわ》郡の城郭の建設（ただし、この件は創作）や信濃海津城攻めなどで活躍し、その極意を同僚たちに伝えたという逸話がある。

名前だけは大変に有名なのに、実際にどういう人物だったのかはハッキリとせず、またその業績についても本当だったのかよくわからない。まさに勘助こそは謎の軍師、なのだ。

真田幸隆
――謀略に長けた「攻め弾正」

昌幸・幸村に負けない活躍

真田といえば、豊臣秀吉に「表裏比興《ひきょう》の者（表裏があって信用ならない者の意味）」と呼ばれた謀将・真田昌幸と、その子で徳川家康を後一歩までに追いつめ「真田日本一の兵」と讃えられた勇将・真田幸村が有名だ。しかし、ここで紹介する昌幸の父親・真田幸隆もその活躍では彼らに負けていない。忍者を使っての情報戦や裏切り工作などの謀略を得意とし、武田信玄の軍師として活躍した彼は、外様衆でありながら譜代家臣と同等の待遇を受けており、家中でも「攻め弾正《だんじょう》」の異名で一目置かれていた。

真田氏は信濃（現在の長野県）小県《ちいさがた》郡の豪族・海野《うんの》氏から分かれたとされ、真田郷を領有するようになってからこの名前を名乗ったという。このあたりは幸隆の父の名前も含めてかなり諸説あってハッキリとしていないところがある。

ところが、一五四一年に武田信虎・諏訪頼重《よりしげ》・村上義清が攻めてきて、幸隆を含めた真田氏・海野氏は小県郡から追われてしまう。彼は上野《こうずけ》に逃れ、その後に信虎を追放して実権を握った武田信玄の配下となる。この頃の信玄は諏訪頼重を滅ぼし、さらに村上義清と戦うも一五四八年の上田原の戦いで敗れるなど、信濃方面に軍を進めていた。

そのため、信玄がこの方面に詳しい人材を求める中で、幸隆が取り立てられることになる。そして、彼はこの時期に苦戦が目立つ信玄を支え、大きな役割を果たしていくことになるのだ。

「戸石崩れ」翌年の大金星

一五五〇年、武田信玄は村上義清の戸石城（砥石城とも）を攻めるも攻めきれず、さらに義清が他の武将を動かして武田軍の退路を断とうとしたために軍を退く。ところが、ここを追撃され、後に「戸石崩れ」と呼ばれる大きな被害を受ける。

この時に幸隆がいち早く撤退を提案したために武田軍の損害は抑えられたという説もあるのだが、彼の活躍はむしろここから始まる。幸隆は戸石城の兵士たちや周辺の武将たちに寝返り工作を執拗に仕掛け、この堅城を骨抜きにすることに成功する。そして「戸石崩れ」の翌年、ついに自分の手勢だけで戸石城を陥落させてしまうのだ。

この勝利の影響は大きく、二年後に信玄は前半生の宿敵とも言える義清を撃破する。彼は生涯二度しか敗北しなかったのだが、その二度の黒星をつけたのが義清だったわけで、その強敵を倒すのに活躍した幸隆の働きの大きさは言うまでもない。

しかし、敗れた義清が越後の上杉謙信を頼ったため、信玄と謙信はその後何度も川中島において戦うことになる。幸隆は上杉家との最前線で戦い続け、一五五六年には信濃天飾城を攻略し、小山田昌行とともに城番を務める。また、「啄木鳥戦法」や信玄と謙信の一騎打ちで世に名高い第四次川中島の戦いにも参加し、この時は別働隊に参加した。

数々の情報戦と裏切り工作

第四次川中島の戦いのあと信濃北部の戦況が落ち着くと、信玄は上野吾妻《あがつま》郷の斎藤憲《のり》弘《ひろ》という武将を攻撃する。この場所が幸隆の出身地である信濃小県郡と隣接していることもあって、彼は斎藤憲弘の居城・岩櫃《いわびつ》城（近年の研究によると別の岩下城という城であったともされている）攻撃に活躍する。

そして、この時も幸隆の策略が光る。まず三千の兵で攻撃を仕掛けるが、天然の要害に築かれた岩櫃城はなかなか落ちない。しかしこれは幸隆の作戦通りだった。和睦交渉を持ちかけて敵を油断させると、その隙に一族の者や重臣を裏切らせ、さらに忍者を使って城内に火を掛けさせる。どんなに防御の堅い城も中から攻められると脆いもので、こうして岩櫃城は陥落したのだ。

さらに幸隆の活躍は続く。斎藤の残党が立てこもる上野獄山城を攻めている際に上杉謙信が援軍を出してくると、「信玄が出陣する」という虚言を流して防御側の戦意を挫《くじ》き、とりあえずの停戦に持ち込んだのだ。

そして翌年、落ち延びていた憲弘の嫡男の憲宗《のりむね》が援軍を連れて戻ってくると、ここぞとばかりに幸隆は動き出す。憲宗らに和睦と岩櫃城の返還をちらつかせて接触を図る一方で再び敵方の重臣を裏切らせ、総攻撃を仕掛けてこれを打ち破る。さらにこの二年後に白石城という城もやはり策謀を使って陥落させた。

晩年はかつての領地だった信濃小県郡に加えて上野吾妻郷も与えられ、その経営にあたっていた。病没したのは信玄の死の翌年の一五七四年、岩櫃城でのこと。こうして彼が基盤を築いた上に、真田昌幸・幸村といった、戦国の終盤を飾る謀将・勇将が登場してくるのだ。

朝倉教景
――犬畜生と蔑まれても勝ちが大事

名門・朝倉三代に仕える

朝倉氏といえば室町以来の名門武家で、戦国時代には越前（現在の福井県の一部）国守護として大きな勢力を持っていた。ちなみに、守護（もしくは守護大名）とは鎌倉幕府・室町幕府に任命されたその国の統治者のことだ。もともと越前守護は斯波《しば》氏という、尾張守護も兼ねる名門武家だったのだが、内紛の隙を突かれて守護代（守護の仕事を代行する役割）の朝倉氏に国を奪われてしまった。ちなみに、その後尾張の国もそこの守護代の家系である織田氏によって実質的に奪われ、斯波氏は滅亡してしまう。

朝倉家の名前は信長のライバルの一人・義景の名前でよく知られている。そんな朝倉家の重鎮として活躍したのが彼、朝倉教景だ。のちに出家して宗滴《そうてき》を名乗り、こちらの名前の方が有名になった。

朝倉孝景の八男として生まれた彼が活躍するのは、兄・氏景の子で甥の貞景が当主を務めていた時代からだ。彼の父である朝倉孝景は「朝倉孝景条々」という十七箇条にわたる分国法を作ったことで知られる。その内容は実力主義の奨励や、本拠地以外に城を造ってはならない、などというものだった。

教景の最初の活躍として知られているのは、兄の景総《かげふさ》がその娘婿の景豊と共に反乱を起こした事件だ。教景は当初この反乱に誘われるが、これを断って竜興寺という寺で出家してしまう。さらに貞景にこの件を密告すると、自ら軍勢を率いて景豊を攻める。これに敗北した景豊は自刃して果て、景総は逃亡してしまう。

この時の恩賞として敦賀《つるが》郡を委《ゆだ》ねられた彼は、以後朝倉家三代(貞景、孝景、義景)に仕え、軍事面を取りしきる名軍師として、また比類ない忠臣として活躍していくことになる。

臨終の床で信長の活躍を予言

彼の最大の活躍はすでに述べた一五〇六年の「九頭竜川大会戦」での勝利だったが、一向一揆勢との戦いのあとも、教景の活躍は続く。丹後(現在の京都府北部)に出陣して武田氏を救援し、近江(現在の滋賀)小谷《おだに》へ出陣して六角氏と浅井氏の間を調停し、また当時の将軍足利義晴の要請に従って上京し戦ったこともある。特に浅井氏とは関係が深くなり、朝倉家と浅井家は同盟を結ぶに至る。この関係がのちに浅井長政の信長に対する裏切りへとつながっていくわけだ。

しかし、一五五五年に一向一揆が再び蜂起すると、上杉謙信と協力して再び出陣し、連戦連勝で一揆勢数千を討伐するも陣中で病に倒れる。どうにか本拠地の一乗谷に戻るが結局快復することはなく、ついに死去するのだった。この時に朝倉家は義景の時代だったが、結局朝倉家そのものも、義景の代で滅びてしまう。

朝倉を滅亡させたのは織田信長だが、ある伝承には教景が臨終の床で信長のその後の活躍を予言した、とある。おそらく後に朝倉が織田に滅ぼされたことから創作された話なのだろうが、逆に言えば彼はそのくらい先見の明がある人物と見られていたのだ。

『朝倉宗滴話記』

教景について語る上で欠かせないのが、『朝倉宗滴話記』という書物の存在だ。これは家臣の萩原八郎右衛門尉宗俊という人物が彼の語ったことをまとめたもので、三十年以上にわたる主君の補佐と戦場での経験で得たノウハウが綴《つづ》られている。

この中には「人間は蓄えがなくては駄目だが、使う時には使うべきだ」「家臣に慕われるように心がけよ」「常に適材適所に配置せよ」といった事柄が書かれているのだが、中でも特徴的なのが次の一文だ。

「武者は犬とも言え、畜生とも言え、勝つことが本にて候」……つまり、犬畜生と蔑《さげす》まれても、武将にとっては勝つことこそが一番大事ということを彼は言っている。七十九年という長い生涯を、綺麗事ではやっていけない戦場で過ごした名将らしい言葉ではないだろうか。

甲斐宗運
――島津も恐れた非情の忠臣

阿蘇家を背負って立つ

九州の三強といえば大友・龍造寺・島津の三家だが、他にも多くの小豪族たちがこの地に勢力を持っていた。その一つが肥後（現在の熊本県）の阿蘇《あそ》家だ。元は阿蘇神社の大宮司の家系だったが、同時に有力な豪族として周辺を統治していた。その阿蘇家に忠実に仕えた名軍師が彼、甲斐宗運《そううん》だ。宗運は出家後の名前で、それ以前は親直《ちかなお》と名乗っていた。政治面・軍事面の両方で活躍し、阿蘇家を支えた。

阿蘇家は南北朝の時代まで痕跡を辿れる古い一族だが、その長い歴史は同時に内紛の歴史でもある。何度か統一されたこともあったが、結局は分裂して相争うのが常だった。

実際、宗運が活躍した時代にも阿蘇家は分裂していた。阿蘇惟長《これなが》・惟前《これさき》父子と一族の惟豊《これとよ》が争い、敗れた惟豊は日向の国に逃れる。ここにいたのが宗運の父、甲斐親宣《ちかのぶ》だった。惟豊は親宣の力を借りて惟長・惟前に再戦を挑み、これを破る。これを機に親宣は惟豊の家老となって活躍し、彼が病に倒れると会議が進まないほどに大きな影響力を持つことになった。

そんな父の跡を継いだ宗運もまた活躍を重ねる。彼が最初に歴史に登場したのは、一五四一年に阿蘇家の重臣・御船房行《みふねふさゆき》が島津氏の誘いにのって起こした反乱の時だった。宗運はこの反乱を見事に鎮圧し、御船城を与えられる。

盟友相まみえた響野原の戦い

こうして阿蘇家を取りしきるようになった宗運だが、周囲の状況はけして平穏なものではなかった。大友・龍造寺・島津の三大勢力の脅威に常に晒《さら》されていたからだ。そこで宗運は、北は大友と結んで安定を確保し、西は相良《さがら》と結んで島津に対する抑えとした。

しかし、阿蘇惟将《これまさ》の代になった一五七八年に、耳川の戦いで大友が島津に大敗すると状況はまた変わってくる。宗運は義を通したのかしばらくは斜陽の大友を見捨てず、反大友を掲げて兵を起こした周辺城主たちの連合軍を破っている。

だが、ついに一五八一年、宗運は大友を見限って龍造寺に臣従する。すると、一方で同盟を結んでいた相良義陽《よしひ》が島津に降伏する。島津は当然のように相良に阿蘇家攻めを要求し、ここにかつての盟友が相まみえることになった。

義陽は軍を率いて出陣し、響野原に陣を敷く。この報告を聞いて宗運は驚いたという。その軍の配置は義陽ほどの将のものとは思えなかったからだ。宗運は「みずから死地を選んだとしか思えぬ」と、かつての盟友の心を思って呟いた。

それでも戦いに手を抜くわけにはいかない。宗運は敵に気付かれぬように静かに相良軍に接近し、さらに戦力を二手に分けて挟撃する。この奇襲によって相良軍は壊滅するが、義陽はあくまでも退却せず、床几《しょうぎ》に座したまま戦死する。

戦後、宗運は義陽の首を見て涙して合掌した。さらに心ならずも島津の命に従わざるを得なかった義陽の立場に同情し、彼を哀悼《あいとう》してやまなかった。そして、島津を抑えてくれていた相良の消えた今、阿蘇家もまた三年以内に滅びるだろうと言って嘆息したのである。

孫娘による毒殺疑惑

島津に「宗運のいる限り、肥後への侵攻はできぬ」とまで言わしめた名将・宗運の死は一五八三年（もしくは一五八五年）のことだった。彼は主家に忠誠を尽くすあまり家族への情に欠け、二男・三男・四男をそれぞれ殺していた。そのため、その死には孫娘による毒殺という疑惑がかかっている。

実は生前、弟たちを殺されたことに反発した嫡男の親英《ちかひで》が父の排除を目論《もくろ》み、これに失敗して自分が殺されそうになったことがあるのだ。この時は家臣たちの取りなしによって事なきを得たが、これに憤懣《ふんまん》を募らせた人物がいた。それが親英の妻だった。なんと彼女はかつて父を宗運に暗殺されており、その時の恨みも合わせて宗運を殺そうと考えたのである。

しかし、彼女は「父の殺害を恨まず、宗運に復讐を企てない」という誓約を立てさせられていた。これを破れない彼女は代わりに娘に毒を盛らせ、父の仇を取った……というのが、宗運毒殺説だ。主君のために忠誠を尽くした名将の死としては何ともやりきれない悲劇といえるのではないだろうか。

ちなみに、阿蘇家が滅んだのは一五八五年、響野原の戦いから四年後のことだ。親英が不用意に島津家を攻めたことが滅亡の原因となった。

宇佐美定満

――軍神・謙信に兵法を授けた謎の軍師

実在の宇佐美定満

今回紹介する軍師たちの中では、彼はちょっと異色な存在だ。何故かと言えば、彼自身よりも、彼がモデルになった架空の人物の方が有名になってしまった軍師だからなのだ。その名は宇佐美駿河守、上杉二十五将の一人に数えられる上杉謙信の軍師にして越後流軍学の祖……だが、まずはその前に定満《さだみつ》本人について見ていこう。

宇佐美定満(定行ともいう)は元々、父の房忠《ふさただ》と共に越前(現在の福井県の一部)守護の上杉家に仕える武将だった。上杉家と越後(現在の新潟県の一部)守護代の長尾為《ため》景《かげ》(謙信の父)の間が険悪になると為景と戦い、父は壮絶な自刃を遂げるが、彼は長尾家に仕えるようになる。

為景の死後、長尾景虎(謙信のこと)が家督を継ぐと、一五五一年に一族の長尾政景がこれを不満として挙兵する。定満はこの戦いに参加して功績をあげ、謙信と政景は講和する。以後、政景は謙信の重臣として活躍するが、どうもその胸中にはいまだ野心の炎が燃えていたのではないか、と見られる。

そして一五六四年、政景は謎の死を遂げる。この時彼は定満に信濃の野尻湖での船遊びに誘われていて、死んだのはその船の上でのことだ。さらに定満もまたこの時同じように死んでいる。

その死因には諸説があるが、両人が泥酔して池の中に飛び込んだとも、定満が政景に抱きついてもろともに溺死したのだとも言われる。政景の死体に傷があったという話や、定満と謙信が政景の暗殺について相談していたという話も伝わっているため、定満が主君の政敵を自らもろとも葬り去ったのだ、ともされているのだ。

越後流軍学の祖・宇佐美駿河守

そんな定満がモデルになったのが、宇佐美駿河守だ。

宇佐美駿河守は元々仕えていた主君に見切りをつけて京に流れ、そこで謙信にスカウトされた。

以後、謙信の軍師としての彼の活躍は目覚ましい。謙信に宇佐美家に伝わる兵法の奥義を授け、また越後に鉄砲を伝えたのも彼だ。さらに伊賀・甲賀といった忍者たちを配下とし、諜報活動をさせていた。また、彼が興したとされるのが宇佐神流という軍学である。

謙信が長尾家を継いだ時には政治工作も行い、政景との戦いでも活躍する（これは実際の定満の活躍を元にしているようだ）。また、一五六〇年の小田原城攻めの際には、敵方の攻撃をいち早く見取って謙信に進言している。

さらに、翌年の第四次川中島の戦いの時にも謙信の軍師として彼の傍《かたわ》らにいて、山本勘助の「啄木鳥戦法」を見破る。これを打ち破るために妻女山を下りて敵を攻めるように進言したのもまた彼だったのである……。

そんな彼の最後を飾るのが、野尻湖での変死だ。彼について語った本では、駿河守は主君の潜在的な敵である政景を消すために船遊びに誘い、明確に殺意をもってこれを殺し、自分も命を落とした。軍神とも呼ばれる上杉謙信に仕えた名軍師の死としては実に潔く、立派なものであるといえる。

伝説の軍師、誕生の理由

しかし、既に述べたとおりこの人物は架空の存在だ。これを創作したのは、江戸時代初期、紀州藩に仕えた軍学者の宇佐美定祐《さだすけ》という人物である。彼は自分が書いた本の中に自分の先祖として宇佐美駿河守という人物を登場させ、大いに活躍させた。それが、伝説の軍師・宇佐美駿河守の由来なのだ。

では、なぜ彼はそんなことをしたのだろうか？　それは、当時「武田信玄の兵法」として流行《はや》っていた甲州流軍学（『甲陽軍鑑』を書いたとされる小幡景憲が興した軍学）とに対抗するためだった。山本勘助を超えるほどの知謀を持ち、上杉謙信に軍学を教えたほどの人物が自分の宇佐神流の祖である、と権威付けをして軍学の宣伝をしたのである。先ほど挙げたような功績も全てはそのための創作だったのだ。自分の先祖の功績を過大に喧伝《けんでん》し、それを元に自分の権威を高めるのは、今も昔も常套手段であるようだ。

それにしても、この時活躍したとされる二人の軍師のうち、武田側の山本勘助には架空の人物説が根強く、上杉側の宇佐美駿河守は架空の人物なのだから、これもまた何かの因縁というものかもしれない。

蜂須賀正勝
——「野党の親分」、実は外交折衝の達人

語りつがれる数々の逸話

豊臣秀吉の軍師といえば、まず誰を連想するか？　病に倒れた竹中半兵衛と野心を秘めた黒田官兵衛の「両兵衛」が最も有名だが、ちょっと渋好みの人だったら主に内政面

を担当して兄を支えた豊臣秀長を挙げるかもしれない。しかし、秀吉を支えた家臣団の中にはもう一人、軍師的な役割を担った重要な人物がいる。彼の名は蜂須賀正勝。蜂須賀小六、という名前の方が通りがいいだろうか。

彼は尾張国（現在の愛知県西部）海東郡は蜂須賀村の出身で、木曾川筋を支配する小豪族、土豪の首領だった。小説などでは野党の親分として書かれることもあるが、実際には水運業の元締めであった。

美濃の斎藤道三を始めとして幾つかの主に仕えた後、織田信長に仕える。桶狭間の戦いにも参加し、戦功を上げていた。墨俣《すのまた》一夜城のために秀吉が正勝に会いに行く……というのは後世の創作である。

また、同じように少年時代の秀吉（日吉丸）を矢作橋《やはぎ》で助けたという逸話も、その当時には矢作橋がないために創作であったと考えられる。この頃は橋が架かっておらず、渡し舟によって人々は行き来をしていたのだ。

一五六七年の稲葉山城攻めの際に秀吉の配下となり（一説には秀吉麾下《きか》となったのは一五七〇一五七三年のこととも）、以後大きな戦いにはことごとく参加して活躍する。一五七〇年の越前出兵とそれに続く金ヶ崎撤退戦、そして姉川の戦い。一五七三年の小谷城攻め、一五七四年の伊勢長嶋一向一揆討伐、一五七八年からの中国地方攻め、そして一五八二年の中国大返しと山崎の戦い、一五八三年の賤ヶ岳の戦い、そして一五八五年の四国征伐と、秀吉の配下として各地を転戦したのだ。

また、こうした連戦の中で信長の居城として有名な安土城の築城にも関わっていたのだから、彼が大変に重宝がられていたことがよくわかる。

秀吉の評判を高めるのに貢献

では、そんな彼の働きは実際にはどんなものだったのだろうか？　元「野党の親分」というイメージからは、合戦や諜報など、情報収集と腕力による活躍が想像される。もちろん正勝は戦場でも多くの武勲を上げているのだが、それ以上に多いのが外交折衝での活躍だった。

秀吉は降伏した相手は無闇に殺さなかった武将として名高いのだが、実はそうした評判を作るのに大いに貢献したのが彼、蜂須賀正勝だ。特に中国方面を攻略していた際に城の引き渡し交渉で活躍し、多くの城を無駄な血を流さずに味方のものとした。

また、信長が本能寺で倒れた際、秀吉は毛利家の高松城を攻めていたのだが、この時に毛利との停戦交渉を黒田官兵衛らと共に行ったのが正勝だった。天下を掴む寸前まで行った信長が死んだ以上、こんなところで毛利と戦っている暇はない。

秀吉が天下を望むならなんとしても信長の後継者の座を得る必要があったし、そうでなくても総大将が死んだことを知ったら、毛利軍はかさにかかって攻めてくるに決まっている。つまり、この講和はなんとしてでも成立させなければいけなかったものであり、それを任せられた正勝がどれだけ信頼されていたかがよくわかる。一方で毛利家中としても内輪の事情からこれ以上戦いを続けるわけにはいかず、正勝らはそういった点を上手く刺激し、頭を駆使して交渉を成功させたのだ。

恩賞はいらない

正勝は秀吉が信長の後継者の座を掴んだ後も彼のために働き、四国征伐で活躍する。この時に彼は病を患っていたのだが、それを押して長宗我部元親を説得し、彼を降伏させることに成功する。外交折衝の達人は病の中でも健在だったのだ。
この活躍を喜んだ秀吉は一五八五年、正勝に阿波（現在の徳島県）の国を与えるのだが、なんと彼はこれを辞退して子の蜂須賀家政に譲ってしまう。この理由としては、彼自身が恩賞をもらうことよりも秀吉の下で様々に働くことを喜んでいたのだとも、この頃既に病んでいて翌一五八六年に病没していることから、既に自分の死期を悟っていたのだ、ともいろいろに考えることができる。

竹中半兵衛
――諸葛亮にもたとえられた知性派策士

「昔楠木、今竹中」

豊臣秀吉の「両兵衛」と言えば、彼の両腕として活躍した軍師として大変に有名だ。その一方、黒田官兵衛には外交折衝や謀略などで活躍しているイメージがあり、もう一人の竹中半兵衛は痩せ形で長身、優しい顔立ちといった外見や、病で死んだことなどもあって知性派の策士、というイメージがある。

半兵衛は幼少の頃から武芸よりも学問や読書を好んで兵法書にも通じ、長じては秀吉の軍師として活躍する。その知略は様々な古代の英雄にたとえられ、張亮《ちょうりょう》（古代中国の王朝・前漢を建国した劉邦《りゅうほう》を支えた軍師）や諸葛亮（同じく古代中国の三国時代に活躍した軍師）に匹敵するとも、また「昔楠木《くすのき》、今竹中」（楠木とは楠木正成《まさしげ》のこと。南北朝時代に後醍醐天皇に仕えて少数で多数を翻弄した軍師）とも讃えられた。

一般的に知られている「半兵衛」は通称で、本当の名前は重治という。斎藤家に仕える美濃の武士・竹中重元《しげもと》の子だ。しかし、油売りから成り上がったという斎藤道三をその子・義龍が殺して家督を奪った際、重元は道三についた。これもあってか、父の死後に斎藤家に仕えるようになった彼は、義龍の急死後に斎藤家を継いだ子の龍興に随分冷遇されたようだ。

冷静な観察、冴える知略

そこで半兵衛がやってのけたのが、少数で稲葉山城を乗っ取って見せるという離れ業だった。これによって半兵衛の名は大いに高まった。その後、彼は浅井家のとある家臣を頼って隠居し、稲葉山乗っ取りの話を聞いて出仕を求めてきた信長の誘いも断る。

そんな彼を信長の部下の木下藤吉郎（後の秀吉）が口説き落とし、臣下としたのもやはり既に述べたとおりだ。秀吉はまず自分も浪人のふりをして「共に信長に仕えよう」と誘い、これを見破られても合計で三度も訪問して粘り強く説得する。そしてついに三度目、半兵衛が「信長ではなくあなたの軍師になろう」と答えた……というのが物語などで伝えられる「木下藤吉郎三顧の礼」のいきさつだ。ただ、これは『三国志』における劉備《りゅうび》と諸葛亮の三顧の礼をモチーフにした創作と思われる。

その後、半兵衛は秀吉の軍師として、姉川の戦いを始めとする浅井・朝倉との長い戦いや、中国地方への侵攻などで活躍する。この間の出来事として様々な逸話が現代に残っている。

例えば、姉川の戦いの時のことだ。近江の国の姉川で両軍が対峙した時、浅井・朝倉の連合軍に対して、織田軍は大きく横に広がった鶴翼の陣を敷いた。しかし、これでは敵の突撃に耐えられず信長のいる本陣を攻められてしまうと考えた半兵衛は、秀吉の部隊の布陣を変えさせる。まず前面に騎馬部隊の半分ほどを展開させてもう半分に円陣を組ませ、さらに槍を持った歩兵を四方に配置させたのだ。この布陣は浅井軍の攻撃によく耐え、勝利に貢献した。

また、その三年後に浅井の居城・小谷城を攻めた時、浅井家当主・長政の妻となっていた信長の妹お市とその娘たちを秀吉が救ったことはよく知られているが、これを進言したのが半兵衛だった。この時半兵衛は、長政よりまず先にその父久政を攻め、長政自身が家族のことを考えられるような状況を作り出したのだ。

これらの物語の多くが、半兵衛の冷静な観察力や、調略や交渉によって戦わずに敵を降す知略の冴えを伝えている。

高価な馬で戦はできず

合戦以外でも半兵衛の逸話は色々と残っている。半兵衛は信長の居城・安土城の建築にも関わっていたが、ある時にちょっとした問題が生じた。蛇石という大きな石を山に引き上げる必要があったのだが、あまりに大きくてなかなか持ち上がらない。そこで半兵衛が「軍に詭道《きどう》（騙し）有りというように、この石を引き上げるのにも詭道をもってすれば上手くいくでしょう」と言って、直線ではなく山肌を回るように道を造らせた。するとさしもの大石もなんなく運ぶことができたのだ。

こうした彼の冷静さや視野の広さは、「高価な馬を持っているとそれが惜しくなってしまって十分な戦働きができないから、いざという時には乗り捨てられるような馬がよい」といった発言に見て取ることができる。他にも、座っている時にいつでも足の指を動かしたり、寒い時でも懐に手を入れずに摺《す》り合わせて温めて、咄嗟《とっさ》の時に動けるように気をつけていた、といった振る舞いもその印象を強める。

「ただ陣中で死にたかった」

さらに、もう一人の「両兵衛」黒田官兵衛に関係する話もある。官兵衛が一年にわたって捕らえられていた時、信長は彼の子を殺すように指示しているが、半兵衛が独断で隠して保護した。後に官兵衛が救出された時にこのことが明かされ、信長もこれは咎めなかった。そもそも官兵衛を秀吉に推薦したのが彼だったともいうのだが、これはどうも事実ではないようだ。

また、半兵衛と官兵衛にまつわる話としてはもう一つ、こんなものがある。ある時、官兵衛が「秀吉公は領地を増やしてくれると言ったのにまだ約束を果たしてくれない」と言って、そのことが書かれた奉書（書き付け、手紙）を半兵衛に見せた。すると半兵衛はこれを引き裂いた上に火中に投じ、怒る官兵衛に「このようなものをあてにするから、恨みや不満が出てくるのだ。それでは本当の奉公にならないので、このようなものをあてにする心を捨てなさい」と説いたという。半兵衛と官兵衛それぞれの人となりが何となくわかる逸話ではなかろうか。

そんな彼は、最後まで知略でもって秀吉を支え続けた。中国攻めの際に既に病を患っていた彼は三木城攻めの時、療養のために京に戻されていた。しかし、はかどらない戦の状況を聞くと舞い戻り、力押しでは落ちないこの城を兵糧攻めするように進言すると、陣中で病没する。この時に戻ってきた理由を問う秀吉に対して彼は「陣中で死にたかっただけ」と答え、秀吉は彼の死体に取りすがって大いに泣いたのだった。

まだ三十六歳という若い死であり「その後彼が生きていればどれだけのことをしたの

だろう」という痛惜の念が、後世の様々な創作につながったのであろう。

鍋島直茂
——野心なくして遂げた下克上

当主の母の押しかけ嫁入り

戦国時代の九州には三強と呼ばれる強力な戦国大名が存在した。角隈石宗や立花道雪が仕えた大友家、秀吉の九州征伐に頑強に抵抗した島津家、そして龍造寺家だ。龍造寺家は隆信が当主の頃に全盛期を迎え、肥前（現在の佐賀県及び長崎県の一部）・肥後（現在の熊本県）・筑後（現在の福岡県南部）・豊前（現在の福岡県東部及び大分県北部）に勢力を伸ばした。そして、その隆信を支えた軍師が鍋島直茂なのだ。

直茂は龍造寺家家臣の鍋島清房《きよふさ》の息子として生まれる。隆信の従兄の関係にあった彼は、ある人物に見出されて隆信の側近として仕えることになる。それは隆信の母の慶誾《けいぎん》尼《に》だった。彼女は息子を補佐するべき人材を捜した末に直茂に目を付けるのだが、そこで驚くべき手段を取る。

なんと彼女は自分も清房も共に連れ合いを失っていたのをいいことに、清房に強引に嫁入りをしてしまったのだ。隆信と直茂の関係をさらに近づけ、絶対に信頼できる側近としたかったがための、一途な企みであった。ちなみにこの時、慶誾尼《けいぎんに》は四十八歳であったとか。

お家の危機を切りぬける

実際、彼女の見込みは正しく、直茂は隆信をよく支えて名軍師と呼ばれるようになった。まず、一五五八年に佐賀の八戸《やへ》宗暘《むねてる》の謀反を見破って城を攻め、火攻めによってこれを破る。その後、一五六八年に大友勢の攻撃によって窮地に陥るもこれを切り抜け、さらに一五七〇年の今山の戦いで大勝利をあげる。

その後も直茂は活躍を続けて龍造寺の勢力を広げ、また一方で秀吉に接近してもいる。しかし、この頃から隆信には驕りが見られるようになり、人心が彼から離れていくようになる。さらに直茂がこれを諫めると彼を疎み、遠ざけてしまうのだ。

そして肥前島原の有馬晴信が島津家に内応するようになると、隆信はこれに怒って兵を挙げる。しかし、大軍をもって有馬を滅ぼし、さらに島津をも攻めようとした隆信の野望は頓挫する。沖田畷の戦いにおいて、撤退する敵を追った龍造寺軍は島津の鉄砲隊の待ち伏せにあって大敗し、隆信も戦死してしまうのだ。

九州の一大勢力にまでのし上がった龍造寺家は、こうして再び逆境に立たされることになる。しかし直茂はまず隆信の子・政家を、続いて秀吉の命により政家が隠居させられるとその子・高房を、それぞれ主君として立てて、実際の政治は自分が取りしきっていく。一応の身分としては後見人であり、「高房（当時五歳）が成人するまで」という条件で政治を行うことになっていた。

「鍋島化け猫騒動」のきっかけ

しかし、こうして直茂が龍造寺家を取りまとめていくうちに、家中の空気は自然と彼を主として扱っていくようになる。世相は秀吉の時代を経て家康の時代に至る、最後の戦乱の時代であった。龍造寺家は文禄・慶長の役で朝鮮へも出兵したが、そのためには誰かの下でまとまらなければ戦っていけない。

さらには関ヶ原の戦いで一度西軍につきながらも、東軍に寝返ることによって領地を守れたという事情もあった。そして何よりも龍造寺家の当主が政家・高房と二代続いて非常に凡庸な人物であったということが決定的だった。

結果として、高房が成人しても直茂は実権を返さず、本来直茂の上、もしくは同格にいたはずの龍造寺の一族たちもそのことを認めた。これに絶望した高房は自殺してしまい、ついに直茂が龍造寺の家督を継承し、ここから佐賀鍋島藩の歴史が始まる。

このように、直茂はごく平和裏に下克上を遂げており、戦国時代においては大変珍しい武将だが、そんな彼のことをよく表している逸話がある。豊臣秀吉が天下人だった頃の話だ。直江兼続の項でも触れるが、秀吉は各大名家の優秀な武将を愛し、「豊臣」姓を与えて懐柔しようとした。

直茂も兼続らと同じように秀吉に気にいられ、豊臣姓をもらったのだが、秀吉なりに彼らについては言いたいこともあったようで、ある時こんなことを言った。「天下を取るためには大気・勇気・知恵が必要だが、この三つを兼ね備えたものはいない。二つを持つ者はいるが、上杉の直江兼続には知恵がなく、毛利の小早川には勇気がなく、龍造寺の鍋島直茂には大気がない」、と。まさに大気（野心）がないがために、隆信の死後にすぐに国を乗っ取るようなことがなく、また西軍についたにもかかわらず家を残すことができたのだ。

ただ、いくら流血の少ない平和な下克上であったとしても、やはり鍋島が龍造寺を乗っ取ってしまったという事実は消えないから、高房の自殺のほかにも当然様々な問題があった。それは龍造寺派と鍋島派の対立という形で現れたのだが、そこから派生したものの一つが、怪談「鍋島化け猫騒動」だ。

これは直茂の子・勝茂の時代に起きたとされる騒動で、勝茂が些細なことから手打ちにした家臣とその母の怨念が飼い猫に宿り、化け猫となって祟《たた》りをもたらしたというものだ。勝茂はそれによって病に倒れ、他にも様々な祟りが起きたのだが、結局家臣によって退治されたとこの話は語っている。

角隈石宗
――秘伝を火中に投じて散った軍配者の無念

合戦の場で妖術を駆使

戦国時代の軍師にもいろいろなタイプが存在した。戦場での戦略を立てることに長けた者、忍者を使った情報工作などに長けた者、謀略を巡らせて合戦を有利に運ぶ者など、実に様々だ。

その中でも、九州の大名・大友宗麟に仕えた角隈石宗はちょっと異色な軍師だ。彼は「軍配者」と呼ばれる、軍配（武田信玄が川中島での一騎打ちで持っていたとされて有名な団扇《うちわ》のような道具）を持って占いなどを行うタイプの軍師だった。中でも石宗の存在は際だっており、なんと彼は兵法や天文学・気象学といった知識に加え、妖術を駆使して合戦で活躍した、というのだ。

彼は一心に祈ることで空から脇差（小型の刀）を降らせ、また祈らずとも風を自由に吹かせることができた。谷に脇差を投げ込んだ後、風を巻き起こしてそれを手元に戻すこともできた。さらに、空を飛んでいる烏《からす》を呼び寄せたかと思えば、木の枝の上で羽を休めている雀ごと枝を手折《たお》っても見せた。また、彼は自分の兵法上の秘術を「大事の所伝」と呼んでいたようだが、どうもこれも妖術めいたものであったようだ。

こういった術は後世の創作か、そうでなければ何か手品のようなトリックを使ったのだろう。気象学に詳しければ風の吹く日を知ることもできたはずだし、餌を使えば烏を呼ぶこともできたろう。しかし、彼が他のものにはない独自の特技によって重用された家臣だったのは間違いない。

キリシタン大名に仕えながら

石宗が使った術に負けず劣らず、彼自身も謎の存在だ。生まれた年も出身地もわかっておらず、いつから宗麟に仕えていたのかも明確ではなく、それどころか本名すらさだかではない。彼は出家していたので石宗というのはその時付いた法名だし、角隈というのも姓であるのかどうなのかハッキリしない。

しかし、古今東西の軍学に通じて知謀にも長けたために宗麟の補佐役として活躍し、また大友家の諸将にも信頼された。さらに、石宗の死後に大友家を支えた名軍師・立花道雪は彼の弟子で、師弟で大友家のために尽力した、ということになる。

彼の仕えた宗麟は有名なキリシタン大名だが、石宗は既に述べたとおりに出家していた。さらに軍配者であったことから、陰陽道などの古い日本の伝統を重視していたこともあって、キリスト教には反対の姿勢を貫き続けた。その結果、宣教師のルイス・フロイスは彼のことを「不明の徒」と評し、かなり敵視していたという。

一兵士として散る

こうして様々な逸話を持つ石宗にまつわる最も大きな事件は、彼にとっての最後の逸話でもある。一五七七年に薩摩（現在の鹿児島県の西部）の島津家が日向（現在の宮崎県）の伊東義祐を攻撃すると、義祐は妻の兄である宗麟に救援を要請する。これに応えた宗麟は出陣の準備を始めるが、家臣の中に異を唱えた者がいる。それが石宗だった。

彼は三つの理由を唱えて出陣を思いとどまるようにと訴えた。「一つ、宗麟は四十九歳（数え年）の厄年である。一つ、星の動きを見るに、今年は未申《ひつじさる》（南西の方角）が凶の方角である。豊後から見た日向はまさに未申にあたる。一つ、彗星の運行を見るに、今年の運勢は凶である」……現代の私たちから見れば全て迷信のようなものかもしれないが、当時の武将たちがどれだけこういった運勢の動きを信じたかは、そもそも軍配者という者たちがいることからもよくわかる。命と家をかけて戦う以上少しでも勝算を上げたいのは当然で、占いは運命を決定づけると信じられていた。

しかし、宗麟はこの忠告を受け入れず、出兵を決断している。石宗はこれに大いに憤り、『大事の所伝』を書き記した書物を火中に投じて始末してしまった。その上で、実際の合戦に軍師としてではなく一兵士として参加する。結局、この時行われた耳川の戦いは石宗が予言したとおりの惨敗に終わり、石宗も討ち取られ、以後大友家は衰退の道を辿ってゆくことになった。

自分の意見が受け入れられず、そのために軍師としての役割を捨ててしまった石宗の無念の思いはさぞ強いものだったろう。それでも彼は『大事の所伝』の一部を戸次鎮連《しげつら》（立花道雪の養子）に伝え、また耳川の戦い当日の空に「血河の兆し」という凶兆を見出して重臣に伝えるなど、軍師らしい心持ちは最後まで持っていた。

けれど戸次鎮連は後に殺されてしまって『大事の所伝』は後世に伝わらず、またせっかく見出した凶兆を報告しても、軍を止めることはできなかった。彼の心中はいかばかりだっただろうか。

立花道雪
――輿で戦場を駆けめぐった、雷神の生まれ変わり

「鬼道雪」と恐れられる

さて、角隈石宗は占いによって合戦の吉凶を占うタイプの軍師だったが、大友家にはもう一人高名な軍師がいた。彼は石宗の弟子だったが、軍師としては兵を動かし策略を練るタイプだった。部下の心を摑んでその実力を引き出すことが上手く、当時の大友家当主・大友宗麟（出家後の名前。その前は大友義鎮《よししげ》）を支えて大いに活躍する。彼の名前は立花道雪。しかし、これは名門立花家の門跡を継いで、さらに出家した後の名前で、

それ以前の名前は戸次鑑連という。

彼はその生涯において九州各地を転戦し、様々な戦いを繰り広げているが、その姿は実に特徴的なものだった。道雪は馬ではなく輿《こし》に乗って戦場を往来したのだ。これについては一つのエピソードが伝えられている。

それはとある夏の日のこと、道雪は急に降り出した雨を避けて大樹の下で雨宿りをしていた。この時、突然雷鳴が轟いて彼の身体を稲妻が撃つ。しかし、道雪はとっさに愛刀千鳥を抜き放つと、稲妻の中にいた雷神を斬った、という。この時の後遺症で、以後輿での移動を余儀なくされたが、一命をとりとめただけでも奇跡であった。彼は以後この刀を「雷切《らいきり》」と名付け、常に離さなかったと伝わっている。

とまあ、これはあくまで言い伝えであり、多分に創作も入っているだろうが、道雪が落雷により生涯下半身不随の身となったことは広く知られている。また、道雪の部下たちは彼を雷神の生まれ変わりと信じて雄々しく戦い、一方でその敵となった者たちは「鬼道雪」と呼んで恐れた。ただ、雷を受けたのがいつ頃の時期のことであるのかは、若い頃であるともまた老境に入ってからともされ、ハッキリしていない。

十四歳で諸国に名を馳せる

道雪の最初の活躍は十四歳、まだ元服前で孫次郎と呼ばれていた時のことだ。一五二六年、周防（現在の山口県の東南半）の大内義隆が兵を起こし、豊後（現在の大分県の北部以外）に攻め寄せてきた。大友義鑑《よしあき》（宗麟の父）はこの報を聞くやすぐに道雪の父・戸次親家《ちかいえ》に出撃を命じる。ところがこの時彼は病床に伏せっており、とても戦に出られるような状況ではなかった。

そこで父の代役として出陣したのが道雪だ。鎧《よろい》を纏って颯爽《さっそう》と馬を駆る彼は大内軍が想像もしない速度で軍を展開させ、馬ヶ岳城に籠もっていた敵を攻撃して大いに打ち破る。この戦いは結局大友側に有利な条件での講和となり、恐るべき若武者の名を諸国に喧伝することになったのだ。

その後も道雪の活躍は続く。大内家との戦いがしばらく続いた後、一五三五年には肥後の小勢力たちが連合して起こした反乱を制圧しに向かうが、その途中で待ち伏せを受けて苦戦する。ところが道雪は駆け付けた援軍を敢えて待機させ、自分の戦力だけでこの逆境をはね除けて勝利してしまう。

また、大友義鑑が相続を巡る争いで殺された際（大友館の二階で殺されたことから「大友の二階崩れ」と呼ばれる）には嫡男の宗麟派について、異母弟・塩市丸の派閥を粛清するのに一役かってもいる。

さらに毛利家が厳島の戦いで大内家に勝利した後は、毛利と長く戦い続ける。この争いは最終的に、一五六九年の多々良浜の合戦で死闘を繰り広げた後、毛利がかつて中国地方に大きな勢力を持った尼子家の残党の反乱を鎮圧するために兵を戻したことで決着するのだった。

酒に溺れたふりをして

こうして道雪が大いに活躍していた時代は、同時に大友家の最盛期でもあった。領地も拡大し、また南蛮船や明《みん》（当時の中国の王朝）船が盛んに来航するようになったことから、経済的に富むようにもなった。しかし、そのせいか一時期少し困ったことになってしまう。宗麟が酒と女に溺れて政治を疎《おろそ》かにし始めたのだ。

このことを重く見た道雪は何度か主君を諫めるが、なかなか聞いてもらえない。そこで彼は一計を案じる。なんと、自分自身が毎夜酒宴を開いて酒に溺れたふりを始めたのだ。一説によるとこの時に京一番の白拍子《しらびょうし》（女性の踊り子のこと）まで呼んだという。

この噂を聞いた宗麟は「あの堅物の道雪がそんなことをするとは珍しい」と見物に出かけ、道雪はそこをつかまえて懇々と酒色に溺れることの害を説く。これにはさすがの宗麟も堪《こた》えたのか、そうした振る舞いを抑えるようになった。

その後、宗麟は出家し、道雪もまたそれに従う。さらに多々良浜の合戦で毛利家を九州から追い払うと立花城に入り、廃絶していた大友一門の名門・立花家を継いで、その後は立花道雪と名乗るようになる。

娘に城主の座を譲る

立花城主となった道雪は、城の普請《ふしん》や農民をまとめて準武士組織を作るなど毛利の再侵攻に対して備えを固めた。しかし、そうして一国の重臣として働く彼には一つ問題があった。男子を授かることがなかったのだ。

そこで道雪は驚くべき行動に出る。なんと、立花城主の座を娘の誾千代《ぎんちよ》に譲ってしまうのだ。のちに立花宗茂を誾千代《ぎんちよ》の婿に貰い、彼が立花家を改めて継ぐことにはなるのだが、これは女性蔑視の風習が非常に根強い当時からすれば、破格に型破りなことだった。

その後、既に述べたように一五七八年の耳川の戦いの敗北によって大友家が衰退の一路を辿るようになると、各地を転戦してその衰退を少しでも抑えようとする。しかしその最中の一五八五年、陣中にて病没する。大友のために生涯をかけて戦に生きた名軍師の死だった。

遺言として道雪は自分の遺体に鎧を乗せて埋めよと命じるが、それはあまりにも忍びないと考えた宗茂の意見によって立花城に運ばれた。その棺《ひつぎ》は敵対していた勢力の目にも触れるが、それが道雪のものと知ると誰も邪魔をしようとはしなかったのである。

黒田官兵衛
――有能ゆえに疎まれた不遇の名軍師

信長に目を付ける

「秀吉の両兵衛」と呼ばれた二人の名軍師のうち、竹中半兵衛は病によって若くして倒れたために秀吉に惜しまれた。一方、もう一人の黒田官兵衛も調略や外交折衝を得意とし、秀吉の天下取りに大いに貢献したのだが、彼はその才知の鋭さと野心ゆえに秀吉に警戒され、晩年は不遇だった。

半兵衛と同じように官兵衛という名前も通称で、本当の名前は孝高《よしたか》（何度か名乗りを変えている）だがこちらの通称、もしくは出家後の如水という名前の方が有名だ。播磨（現在の兵庫県南西部）の小大名・小寺政職《まさもと》に仕え姫路城代を務める黒田職隆《もとたか》の子として生まれ、その地位を継いだ。政職は黒田家を重臣として厚遇し、小寺の姓を名乗らせていた。

秀吉との縁ができるのは、織田家が勢力を拡大して中国地方への進出をうかがい始めた頃だ。この頃、中国地方には毛利家が一大勢力を築いており、多くの小大名たちが毛利につくか織田につくかの選択を強いられた。

そんな中、官兵衛は家中の意見をまとめると小寺家の代表として一五七五年に信長に接触し、播磨への進出にあたって先導役を務めたい、と申し出る。信長は官兵衛の才能を見抜くと大いに喜び、中国方面の指揮をとる秀吉に協力するように命じた。

苦難の投獄

以後、官兵衛は秀吉に力を貸すことになる。中国地方に不案内な秀吉にとって、官兵衛の存在は案内役として不可欠だった。しかも彼は秀吉の拠点として自分の姫路城を提供し、さらに周辺の小大名たちを次々と織田に従うよう説得していく。

こうして順調に進んだ中国侵攻だが、一五七八年にアクシデントが起きる。摂津（現在の大阪府の一部と兵庫県の一部）を任されていた重臣の荒木村重が、官兵衛の主の小寺家なども巻き込んで信長に対して反乱を起こしたのだ。説得に向かった官兵衛は土牢に監禁されてしまう。この反乱は一年続き、その間ずっと投獄されていた彼は髪の毛が抜け、さらに足の関節を悪くして上手く歩けなくなってしまった。

さらに不運なことに、信長は、官兵衛がこんなにも長く戻ってこないのは裏切ったせいだと思いこみ、息子の長政を殺すように命じてしまう。結局、一年後に荒木村重の反乱は鎮圧され、官兵衛は救出される。しかも、長政は半兵衛がこっそりとかくまっていたことがわかり、無事官兵衛の元に戻された。

反乱鎮圧により、織田家に反旗を翻していた小寺家も攻め滅ぼされ、官兵衛は織田家家臣として本来の名字である黒田を名乗り、播磨に一万石を与えられる。以後は秀吉の軍師として再び中国侵攻に協力するのだが、その運命が大きく変わる瞬間が訪れる。それは一五八二年に備中高松城を水攻めにしているときのことだった。

「中国大返し」の立役者

秀吉の陣に駆け込んだ急使は明智光秀の謀反と織田信長の死……「本能寺の変」を告げる。秀吉はこの報告に激しく驚き、ただ泣くことしかできない。しかし、ここで冷静に進言した者がいる。誰あろう、官兵衛だった。

彼は「今こそ天下取りの好機ではないか」と秀吉に告げた。その言葉に我に返った秀吉はすぐに毛利家との講和の手はずを取り、のちに「中国大返し」と呼ばれる神速の速度をもって帰還する。その後の歴史の流れを見るに、まさにこの瞬間こそが織田家家臣の秀吉ではない、天下人・豊臣秀吉の出発だったといえよう。

もちろん官兵衛は毛利家との講和にも大きな役割を果たし、さらに後の四国征伐・九州征伐・小田原城攻めといった大きな戦いでも諸勢力の説得や敵方武将の調略などで活躍する。ところがこうした功績ゆえにかえって秀吉は官兵衛を警戒するようになり、小田原の北条攻めが終わると政治の中心から外されてしまうのだ。

隠居の日々に燃やし続けた野心

この警戒の原点は、どうも本能寺の変の際のあの一言にあったようだ。主君が謀反にあって殺された場合は秀吉のように悲嘆にくれる方が普通であり、官兵衛のように冷静にその後のことを考えられる者は貴重だが、同時に油断のならない、いつ自分に逆らうかわからない人物と考えたのだ。

こうして、秀吉の側近としての地位を文官の石田三成らに取って代わられた彼は出家して隠居する。隠居していた頃の彼はしばしば城下を散歩し、子供に出会うとお菓子をあげたり、家来の家に上がり込んで世間話をしたりと、のんびりとした日々を過ごしていた。子供たちはそんな彼によく懐《なつ》き、しばしば彼の隠居所に遊びに行って大騒ぎをして、官兵衛はそんな彼らを微笑ましく見つめていたという。

けれど、その胸にはまだ野心の炎が残っていた。そんな彼が最後のチャンスとして賭に出たのが関ヶ原の戦いの際に九州で起こした戦なのだが、あまりにも早く終わった関ヶ原の決戦のためにその野心が実らなかった。この時の無念は最後まで残ったようで、遺言として長政にそのことを悔やみ、臨終を迎えるのだった。

片倉景綱

——独眼竜の右目をまっとうした生涯

別名・片倉小十郎

戦国時代の武将の中には、真田幸村や武田信玄のように本名ではない別の名前の方が有名な人物が数多くいるが、この片倉景綱もまたその中の一人だ。彼のもう一つの名前は「片倉小十郎」。そう、「独眼竜」の名も高き隻眼《せきがん》の名将・伊達政宗の、右腕ならぬ右目として活躍した軍師だ。

彼は元々武士の出身ではなく、出羽（ほぼ現在の山形県と秋田県）米沢の成島八幡宮の宮司・片倉景長の子として生まれた。彼の腹違いの姉（姉ではなく母とも）が政宗の乳母を務めたため、伊達の武士団に組み込まれることになったのである。

まず伊達輝宗（政宗の父）の徒小姓《かちこしょう》となり、のちに聡明さをかわれて重大な役割を任せられることになった。輝宗の嫡男、梵天丸《ぼんてんまる》——のちの政宗の守役《もりやく》に抜擢されるのだ。

景綱十九歳、政宗九歳の時のことだった。

政宗との絆

こうして政宗の教育係となった景綱は、彼がのちに名将と呼ばれるようになるための素地を鍛えていく。この頃の逸話として、景綱の剛胆さと主君との絆の強さを示すものが一つ伝えられている。

政宗は幼少の頃に疱瘡《ほうそう》（天然痘《てんねんとう》）の病にかかり、高熱の末に右目の光を失っていた。しかもそれだけでなく、右目は膿《う》んで飛び出していたため、彼はそのことに強いコンプレックスを感じ、陰気な少年だった。

そこで政宗は近従たちに右目を斬って潰すように命じる。誰も命令通りにしようとはしないなか、名乗り出たのが景綱だ。小刀を抜くと右目を突き、患部ごと刺し潰してしまった。この時に政宗はあまりの激痛で失神してしまい、家臣の一人がその振る舞いを咎めるが、景綱は堂々と「一国の主となる者がこのくらいのことで家臣を頼るとは情けない」と一喝するのだった。

摺上原の戦いでの圧勝

この出来事の後生まれ変わったように活発になった梵天丸は、十一歳で元服して伊達政宗を名乗り、十五歳で初陣を飾る。この初陣の実質的な戦闘の指揮を執っていたのは景綱だ。

さらにその三年後には父の輝宗が隠居したために、政宗が伊達家を継ぐことになり、周辺各大名や身内（母親は彼を疎み、弟に伊達家を継がせようと企んでいた）を敵に回しての彼の過酷な戦いが始まる。

そんな中、景綱は常に傍らで彼を補佐しつづけた。まず、一五八四年に政宗が家を継いだばかりで会津の檜原《ひばら》というところを攻めた時のことだ。この場所には穴山新右衛門の一族がいて、政宗の父輝宗が三度攻めてもなお落とせなかった。

そのため家臣も皆これに反対し、さすがの政宗も弱気になったところで、景綱が調略を練る。穴山一族の一部を寝返らせ、彼らが新右衛門を風呂に招いたところで殺してしまったのだ。こうして政宗は見事に檜原を手に入れた。

また、政宗を東北地方を代表する戦国大名にした、一五八九年の摺上原《すりあげはら》の戦いでも景綱は活躍する。彼はこの戦いに先だって自ら敵対する蘆名氏の重臣・猪苗代《いなわしろ》盛国のもとに赴いて彼を調略し、味方に付けることに成功した。

摺上原の戦いでの双方の戦力はほぼ同等だったが、直前に重臣の一人が寝返っていたこともあって敵方は結束力が弱くなっていた。序盤は蘆名側が優勢だったが、風向きが変わったのと同時に伊達軍が押しだし、そこで裏切りが起きて蘆名側は崩壊してしまった。こうして、摺上原の戦いは政宗の圧勝に終わったのである。

秀吉の性格を読みきった演出

しかし、こうして大きな勢力を獲得したことで、政宗には新たな問題が持ち上がる。それは、この頃まさに天下人となろうとしている関白・豊臣秀吉との対立だった。政宗は同じように秀吉と反発する関東の北条家と手を結ぶ。しかし、北条家は一五九〇年に秀吉の大軍に攻められ、政宗のところにもその攻撃に参加するようにと命令が下る。この時、勇猛果敢な伊達成実《しげざね》が国に籠もっての徹底抗戦を主張し、政宗自身も秀吉と戦うことを考えていた中、一人会議で沈黙する人物がいた。それが景綱だ。

これに気付いた政宗は夜にこっそりと彼の家を訪れ、改めてどうすればいいのかを尋ねる。すると彼は団扇で物を払う仕草をしてから、「夏の蠅《はえ》は払っても来るもの。結局は疲れて敗れることは必定でしょう」と答えた。秀吉の軍は大軍だけに、一度破っても何度でも攻めてくるだろう、と示唆したのである。

こうして政宗は、北条の本拠地・小田原城を攻めている秀吉軍に合流することになったのだが、他国の勢力圏を迂回する必要もあって、どうにか辿り着いた頃には戦いももう終盤にさしかかっていた。秀吉は参戦が遅れたことにひどく立腹しており、なんとか秀吉の怒りを和らげなくてはならない。

そこで再び景綱が知恵を出した。まず最初に秀吉の陣地を訪れた時、政宗は髪を短く切りそろえて垂らし、甲冑《かっちゅう》の上に白い陣羽織を着た、いわゆる死に装束の姿をしていた。ここでは秀吉と会うことができなかったが、数日後に彼の使者がやって来た。そこで政宗は、この陣中にいる千利休に茶の道を教授して頂きたい、と言い放つ。

白装束の決意と命の掛かった状況での不敵さに感心した秀吉は翌日政宗と会い、「もう少し遅れていたらここが危なかったぞ」と、頭を下げる彼の首筋を杖で突き、笑ってみせた。秀吉の性格を読みきった景綱の演出によって、伊達家はその命運を保ったのである。

家臣六人が殉死

こうして伊達家は秀吉に従う形になったのだが、ある時景綱のところにこんな話がやってきた。なんと、陸奥《むつ》の国に五万石の領地を与え、景綱を大名として取り立てる、というのだ。

有力大名の重臣を自分のもとに引き込もうとするのは、秀吉が多用した策だ。しかし、これも景綱にはお見通しだった。一度は五万石を受け取るそぶりを見せて秀吉の顔も立てつつ、やはり主君に対する忠誠を貫きたいのだと申し出てこれを断った。

彼の忠誠に政宗も応える。秀吉の死後徳川が天下を支配し、一国一城令が敷かれて多くの城が破壊されたが、政宗の仙台藩の中で彼の白石城だけが特例として残された。以後、片倉家は明治まで十一代にわたって白石の地を治め続け、仙台藩では御一家として扱われ続けた。

景綱自身はのちに病に倒れ、伊達家も徳川方で出陣した大坂の陣には参加できなかった。しかし、冬の陣への出陣前の息子・重綱に「おそらく初めは和睦して堀を埋めるが、その後に本当の合戦が待っているだろう。決して猪突猛進になってはいけない」と伝えている。

実際に徳川と豊臣は一度は和睦したものの、謀略によって大坂城の堀が埋められ、続く夏の陣で豊臣家は滅亡する。病床にあっても景綱の目は確かだった。そして冬の陣が行われた一六一五年、彼はそのまま息を引き取ってしまったのだ。その死を聞いた政宗はすぐさま家臣を派遣して名馬を贈り、弔意《ちょうい》を示した。また、六人もの伊達家臣が殉死(後を追って死ぬこと)し、彼が家中でも慕われていたことがよくわかる。

本能寺の乱での日和見

島勝猛(左近)
――不死伝説まで生まれた悲劇の名将

石田三成が何よりも頼りにした彼もまた、様々な名前で知られた戦国武将の一人だ。最も有名な名は島左近だが、他にも清興・友之・昌仲など。出身地も諸説ある。

彼は最初、大和（現在の奈良県）の国の戦国大名・筒井家の家臣だった。まず筒井順《じゅん》昭《しょう》に仕え、彼が早死にすると同僚の松倉勝重と共に順昭の子・順慶《じゅんけい》を養育する役目を務める。ここから島は左近・松倉は右近という通称で並び称せられるようになった。

勝猛は順慶によく仕えた。そんな彼の働きを伝える話がある。信長軍団の中で明智光秀の下にいた順慶は、一五八二年に光秀が信長に反旗を翻して本能寺の乱を起こし、秀吉と決戦した際にも近くに布陣していた。ところが筒井軍は動かず、日和見を通した。ここまでは史実だが、実はこの日和見は光秀が負けると見た左近の策だった、という話があるのだ。もし本当だとすると、のちの歴史を考えるに彼の状況を見る目は正しかったといえる。

また、この時代の彼については一つ面白い説がある。実は勝猛は一時期武田信玄の臣下・山県昌景《やまがたまさかげ》の配下にあって徳川家康と戦っている、というのだ。これは関ヶ原の戦いの前夜に彼が語ったという形で伝えられている話なのだが、真偽はさだかではない。

三成に過ぎたるものは

順慶が死んで甥の定次に代替わりすると、彼と反りが合わなかった勝猛は数年後に筒井家を出奔。その後の彼の消息については、伊賀（現在の三重県西部）の上野に転封された筒井家に代わって大和の大名となった秀吉の弟・秀長に仕えたとも、また近江の高宮郷という場所に隠棲していたともいい、諸説ある。

そんな彼に誘いを掛けたのが、秀吉の重臣・石田三成だ。当時、近江水口《みなくち》四万石の大名でしかなかった三成は、なんとその半分である二万石（一万五千石とも）を差し出して彼を自分の部下に迎えた。主君と臣下の禄が同じになってしまうわけで、これは全く前例のないことである。

勝猛はこれを意気に感じ、以後死ぬまで三成と共に戦い続けることになる。知勇を兼備した彼は当時から大変評判が高く、三成との関係を揶揄して「治部少《じぶしょう》（石田三成のこと）に過ぎたるものが二つあり　島の左近と佐和山の城（三成の居城）」と謳われるほどだった。

家康暗殺計画を進言するも

豊臣秀吉の死とそれに続く前田利家の死は、再び戦乱の時代が迫っていることを示していた。豊臣政権の最大の敵を家康と見た勝猛は、何度も彼を暗殺するよう三成に提案したという。武断派との仲も悪い三成では、歴戦の名将である家康にはかなわないと判断したのだ。しかし、あくまで官僚であり、大義名分を掲げて戦えばいいと考えていた三成はこれを却下してしまう。

そうこうするうちに、今度は三成の命が危険にさらされる。加藤清正、福島正則、黒田長政、細川忠興、池田輝政、加藤嘉明《よしあき》（資料によっては蜂須賀家政）、浅野幸長《よしなが》ら七将が三成の大坂屋敷を襲撃したのだ。

そこで三成は奇策に出る。なんと、最大の政敵である家康の屋敷に逃げ込んで庇護を求めたのだ。豊臣政権を弱らせることを考えていた家康にとって、今はまだ武断派と文治派に対立してもらわないと具合が悪かった。そこで家康は彼を匿《かくま》って七将を思いとどまらせた。

この策を考えたのが、実は三成ではなく勝猛だったという説がある。大義名分や建前を重視する、良い意味ではキッチリとした、悪い意味では融通の利かない官僚である三成よりも、時には卑怯な手も使う歴戦の軍師である勝猛の方が、この奇策のイメージに合っているということなのだろう。

その後も勝猛は三成に家康襲撃を何度か提案するがその度に却下され、いよいよ天下分け目の関ヶ原の決戦が始まるのである。

「鬼左近」として討ち死に

勝猛が前哨戦の杭瀬川の戦いで東軍を散々に痛めつけ、決戦においては勇猛果敢に戦った末に討ち死にしたのは既に述べたとおりだ。この時の彼の戦いぶりは「鬼左近」の二つ名をさらに世に広めるのに十分なものであり、敵対した黒田勢の兵たちの耳には長く彼の「かかれぃ、かかれぃ」という叫びが残ったという。

しかし、そんな勝猛が実は関ヶ原合戦後も生きていた……という説が後の世に幾つか伝わっている。彼の遺体が見つからなかったために流れた話だ。それによると西国へ逃げていったとも、京都の立本寺で僧として匿われていたともいう。この寺には実際に墓が残っているのだが、これはおそらく英雄不死願望、もしくは判官贔屓《ほうがんびいき》（弱い者をひいきする気持ちのこと）の成せる業だろう。あくまで己の生き様に殉じた三成と、その主君のために奮戦した勝猛、という悲劇の物語は当時から高い人気を誇っていたのだ。

直江兼続
――主家存続に生涯を捧げた文武兼備の智将

兜に「愛」の一文字

軍神・上杉謙信の跡を継いだ上杉景勝は、最大で百二十万石にも達する所領を治めた大大名だ。この時、四分の一にあたる三十万石を領していた家臣がいた。それが文武兼備の智将と讃えられた直江兼続である。この人は兜《かぶと》の前立てに「愛」の一文字をあしらっていたことでも有名だ。

兼続は景勝を支えて軍事・内政・外交といった各分野で活躍し、豊臣秀吉からは「天下の器」と絶賛された。一方で当代一流の文化人であると同時に蔵書家としても知られ、さらに秀吉の側近・石田三成や、前田利益《とします》（慶次郎）などの牢人衆とも親交があり、人付き合いの広い人物だった。

そんな彼は上杉家に仕えた樋口兼豊《かねとよ》の子として誕生する。長じてからは景勝の側近として働き、この頃は樋口与六と呼ばれていた。しかし、景勝の側近である直江信綱が毛利秀広という人物に殺害され、この時直江家には跡取りがいなかった。名門・直江家の断絶を惜しんだ景勝は兼続に跡を継がせることにし、直江兼続がここに誕生したのだ。

秀吉の格別な寵愛

以後、兼続は景勝の執政として縦横無尽に活躍する。軍事面の活躍としては、一五八七年の新発田《しばた》城攻めなどがある。これは織田信長の誘いに乗って兵を起こした新発田重家との戦いだった。この反乱はなんと六年にもわたって続き、景勝自身が兵を率いて出撃しながら敗れたこともあった。しかし、兼続は周囲の出城を次々と落とした末に平城ながら堅城として名高い新発田城を攻め落とし、新発田重家を自刃させることに成功する。

その後も佐渡で起きた反乱の鎮圧や小田原攻めなどで活躍し、景勝を支えた。また、文禄の役では朝鮮征伐にも参加し、この戦いを無益なものと考えた兼続は自軍に略奪の禁止を厳しく言い渡し、また夥しい数の書物を収集して持ち帰ったという。

そんな彼をひどく気に入った人物がいる。当時の天下人、豊臣秀吉だ。「天下の政治を安心して任せられる数人の中の一人」と絶賛し、「豊臣」姓を与えて何度も自分に仕えるように勧誘した。

大名の重臣に豊臣姓を与えて勧誘するのは秀吉の常套手段ではあるが、兼続は秀吉が死ぬ際に陪臣《ばいしん》（家臣のさらに家臣）ではただひとり太刀を一振拝領した。このことから考えても、特別に寵愛された中の一人だったのは間違いなさそうだ。

家康につきつけた「直江状」

その秀吉の死後、上杉家にとっての最大の試練がやってくる。秀吉が死ぬ直前に景勝は会津に転封されて百二十万石の所領を得るのだが、入れ替わって越後に入った大名が景勝を訴える。これが機をうかがっていた家康にとって好機となり、家康は詰問状を送りつける。

そして、この返事として兼続が書いたのが名文として名高い「直江状」だ。この手紙の中で彼は異心の全くない景勝を訴えた大名たちとそれを信じた家康を手厳しく非難し、「是非に及ばず」、つまり現代風にわかりやすく言うならば「それでも何か文句があるならばかかってこい」と言ってのけている。この「直江状」はどうやら後世の偽書であるようなのだが、逆に言えば直江兼続はこうした手紙を書く人物だと信じられていたのである。

この返答に対して家康は軍を挙げて上杉征伐を行ったが、三成が挙兵したためにとって返して関ヶ原の戦いが始まるのは既に述べたとおりだ。この時、兼続と三成が共謀してことを起こしていたという説もあるが、これも後代の創作と思われる。

さて、兼続と上杉家は関ヶ原での決戦には参加しなかったが、東軍側である最上《もがみ》家の長谷堂城を攻める。黒田官兵衛の九州での決起に見られるように、関ヶ原の戦いは全国に広がって様々な「地方版・関ヶ原の戦い」が行われていたのだ。

ところがこの長谷堂城攻めはなかなか決着がつかず、そうこうしているうちに関ヶ原での決戦の結果が兼続の元に届く。報告は石田三成の、そして西軍の敗北を伝えていた。

仕方なく兼続は兵を退くが、報《しら》せはもちろん最上軍及びその援軍にやって来た伊達軍にも届いたから、彼らはかさにかかって追撃してくる。

戦うにあたって最も難しいのは撤退戦で、大軍を損害少なく退かせようとしたらその難しさは跳ね上がるものだ。それでも兼続は鉄砲隊を並べて散々に撃ちかけることによって最上・伊達勢を押し返す。そこに突っ込んだ前田利益らの活躍によって、どうにか上杉軍は無事撤退することに成功したのだ。

直江家をわざと断絶させる

戦後、米沢三十万石に減封されながらも上杉家は存続した。ここでも兼続は機敏に立ち回り、様々に政治工作をしてこれに貢献した。上杉全体の所領が減ったことから兼続の領地も六万石に減ったが、彼は五万と五千石を他者に分け与え、自分はわずか五千石だけを受け取ったという。

その後は徳川政権の中で上杉家を繁栄させるために活躍し、内政面では堤防の建設などの米沢城下の整備や殖産興業の推進、さらに鉱山の開発などと米沢藩政の基礎を築いていく。また、軍事面でも大坂の陣に参加し、戦功をあげている。

彼は本多正信とも交流があり、その息子の本多政重を一時養子にしていた。上杉家の安泰をはかってのことだったとされている。しかし、兼続はなぜかのちにこの縁組みを解消し、さらに実の息子も早くに亡くなっていたため、直江家は彼の病死と共に断絶してしまう。

一説では、これは上杉の減俸の原因を作ってしまったことの罪滅ぼしのため、また財政的に厳しい上杉家のために財政の負担を減らそうとして、わざと直江家を断絶させたのだとも言われる。生涯をかけて上杉のために戦い続けた直江兼続らしい処置ではないか。

本多正信
——武断派に嫌われながら幕府を守った、家康の懐刀

一向宗門徒として放浪

本多正信といえば、家康の戦いを支えた譜代の名門本多家の出身であり、彼自身も家康の腹心として内政や謀略の分野で大いに活躍した人物だ。「徳川の知恵袋」「家康の懐刀」などと呼ばれ、家康が彼を「友」と呼んだことからも、彼が徳川家の中で重要な人物であったことがよくわかる。

家康が正信を寵愛したことを物語る、こんな話がある。家康が大御所として天下を支配していた時代、町で「雁《かり》どの、佐渡どの、於《お》六《ろく》どの」という言葉が流行った。これは家康が愛した三つのものを示していて、雁とは鷹狩りのこと、於六とは当時最年少だった側室のことだ。そして、佐渡とは正信のこと（彼の官職は佐渡守だった）なのだ。そのくらい家康は彼を重く扱い、人々もそれをよく知っていた。

しかし、例えば同じ本多一族でずっと家康に仕え続け、「家康に過ぎたるもの」などと呼ばれた猛将・本多忠勝などと比べると、彼の徳川臣下としての経歴はかなり紆余曲折を経たものになっている。その最大の原因は、正信が家康の部下でありながら、同時に熱心な一向宗（浄土真宗）門徒だったことにある。

一五六三年に三河（現在の愛知県東部）で一向一揆が勃発し、多くの一向宗門徒の臣下が家康に逆らって一揆に参加した時、正信もまたその中にいた。この一揆自体は翌年には鎮圧され、多くの臣下が家康の元に戻る中、彼はそのまま三河を出奔してしまった。正信は一揆勢の中で軍師を務めていたため、他の者と同じようには戻りにくかったのだろう。

その後、一向宗が「百姓の国」を実現していた加賀の国などを経て、正信は家康の元に帰還する。その帰還の時期については諸説あり、一五六九年もしくは一五七〇年とも、一五八二年の本能寺の変の直前であったともいう。短くて七年、最も長く考えると二十年という月日を彼は放浪の中に過ごしたわけだ。これはかなり異色の経歴である。

一説によると、正信はいわゆる「神君伊賀越え」(本能寺の変当時に京都にいた家康が伊賀を越えて本拠地に戻ったこと)で大きな役割を果たしたとされているのだが、これも彼の異色な経歴から出た話だ。

陰謀・謀略の数々

こうした経歴ながら家康は正信を深く信頼し、様々なことを彼に相談して決めていったという。正信もまたその信頼に応え、内政面や外交面などで様々な提案をしていくのだ。その活躍ぶりたるや、家康が秀吉死後から幕府の成立までに仕掛けた陰謀・謀略の多くが、正信の提案によるものだったと言われているくらいである。

関ヶ原の戦いの際には家康の後継者である秀忠についていた。ここで彼と他の将との間で意見が食い違い、結果として先に述べたとおりに秀忠の軍は上田城に足止めされ、関ヶ原には間に合わなかった。この戦いで家康が勝利して徳川幕府が開かれると、正信は秀忠付きの重臣として大きな権力を振るう。また、この頃に政敵だった大久保忠隣《ただちか》を失脚させたりしていることから、彼にはどうも悪いイメージがついて回りがちだ。

大坂の陣でも家康のために策を講じ（和睦の際に堀を埋めるのは彼の策だったという説がある）、その後に家康が死去すると後を追うように自分も倒れ、この世を去る。

権あるものは禄少なく

軍師として、そして参謀として大きな力を振るった正信だが、実は彼の持つ所領は本当にささやかなものだった。家康が関東に移った時にもらったのが相模の一万石、これが後に加増されて二万二千石となる。正信の縦横無尽の働きを考えればこれは大変に少ない。

この扱いの悪さについては、家康が依怙《えこ》贔屓《ひいき》をしたというのではなく、なんと正信自身が意図的に望んだものなのだ。実際、彼は加増を断った上、さらに息子の正純に「大身代になろうと欲を出してはいけない。現在の地位で満足するのが、永く幸福を保つ道である」と教えていたのである。

なぜ彼はそこまで領地を増やすことを拒んだのだろうか？　一つには、彼が主張した「権あるものは禄少なく、禄あるものは権少なく」という考えがあったためだ。正信のような常に主君の傍にいるものがさらに領土という大きな力を得てしまえば、それは幕府という組織を維持していくのに悪影響しかもたらさないと考え、それを自ら実行したのである。実際、息子の正純はこの教えを破って十五万石という領土を得て、後に将軍を暗殺しようとしたという嫌疑を掛けられて失脚してしまう。

また、彼が本多忠勝や榊原康政といった武断派の諸将から大変評判が悪かったというのも大きな理由だろう。前者は彼のことを「佐渡の腰抜け」「同じ本多でもあやつとはまったく無関係」と吐き捨て、後者は「味噌、塩の勘定しか知らぬ（正信が補給物資の勘定を担当していたことから出たのだと思われる）腸《はらわた》の腐った奴」と罵《ののし》っている。

武断派と文治派の対立は多くの国でしばしば見られることで、豊臣政権のようにそれによって滅びることもある。しかし、正信は自分の所領をわざと低く抑えることで、彼らの不満を抑える材料としていたのである。

ある者は主君に疎まれながらも家を支え続けて死に、またある者は志半ばに死に、そしてまたある者は自らの野望を抱きながらもかなわず、無念の中に死んだ。歴史の大きな転換点に携わった者もいるし、あくまで地方の英雄という枠に収まったものもいる。実在が明確に確認されている軍師と同じように、その行いのほとんどが架空とされる者、そして存在そのものに疑問が投げかけられている軍師までいる。けれど、彼らに共通するのは、その人生の中でいくつもの偉業を成し遂げ、今の世に生きて歴史を振り返る私たちの胸をわくわくさせてくれる、ということなのである。

おわりに

「戦の勝敗は、戦う前に決まっている」。本書を書き上げて一番痛感した言葉がこれだ。これはほとんどの戦に当てはまる、と言いきってかまわないはずだ。当てはまらないほんの数例が「奇跡の勝利」と呼ばれる。奇襲と世に言われる「厳島の戦い」にしても、実際には用意周到な謀略戦の最後の総仕上げが奇襲であったことは、本文で既に紹介した通りである。

その意味では「桶狭間の戦い」あたりは、数少ない「奇跡の勝利」の筆頭であるのかもしれない。今川軍の油断は大きな敗因となったが、それ自体は織田家が演出したわけではない。

また、的確な戦術上の判断によって勝利を導いた信長自身、以後は戦略レベルでの勝利条件を整えてから戦をするようになった。このことが、「戦の勝敗は、戦う前に決まっている」の大いなる証明ではないだろうか。

そして、それを実現するために奮闘していたのが「軍師」だということは、これまでに繰り返し述べた通りである。戦略的に「戦わずして勝つ」状況を作ること……それは、現代のビジネスにも言える、競争社会で勝ち抜くために絶対的に必要なスキルだ。

同じことが人材登用にも言える。戦国の世で言うなら家柄、今で言うなら学歴などの上《うわ》っ面《つら》の情報だけを評価基準にするのではなく、優秀な人材を登用し、仕事を任せることができるか、できないか？　これが会社にとっても戦国大名にとっても大事だった。家臣団が充実していた徳川家は残り、武断派と文治派の分裂を抑えられなかった豊臣家は滅んだ……というあたりからもそれがわかる。

もう一点、本書を書いていて思ったのは、黒田官兵衛こそが、もっとも「軍師」らしく、また「人間」らしい人物だったということである。彼は「虚構」の多い軍師の中でも数少ない「軍師として実在」した人物であり、その家は江戸時代を通じて大大名として存在した。そして、生涯を尽くした主君・豊臣秀吉に煙たがられて隠居してもなお、「天下取り」を執念深く狙い、その最大の機会であった「関ヶ原の戦い」に全能力を向けている。

つい本音が出て秀吉に警戒されてもなお、自分の野望に向かった黒田官兵衛こそ、良くも悪くも「人間」らしい軍師と言えよう。軍師は人間、それも極めて頭の良い人間であり、主君への忠誠だけで戦い続けるというのは綺麗事に過ぎると思うのである。

さて、最後にまとめをしよう。本書は、NHKの大河ドラマや年末年始の特別番組・時代劇、そして、歴史・時代小説で目に触れる機会の多い「戦国」という時代を、「軍師」というキーワードで読み解いたものである。学術書ではないので必ずしも史実を重視はしていない。逆に色々な説を取り入れつつ、軍師と呼ばれた人物たちや、軍師が活躍した戦いをまとめ、同時に戦国時代という今とは違う価値観の時代を、現代に生きる私たちにもわかりやすいように解説したものである。

本書によって皆さまが「戦国」という時代と新たな出会いを迎えてくれることを祈りつつ、また、私に初の単著を書かせてくださり、不慣れな私に多くのご助言をくださった担当の小木田順子氏にお礼をしつつ、ここで筆をおくことにしよう。

平成十九年二月

榎本　秋

参考文献

『戦国名軍師列伝』川口素生・PHP研究所
『戦国合戦事典』小和田哲男・PHP研究所
『戦国大名県別国盗り物語』八幡和郎・PHP研究所
『戦国時代の終焉』齋藤慎一・中央公論新社
『戦国史事典』戦国史事典編集委員会編著・秋田書店
『朝日百科　日本の歴史6』朝日新聞社
『戦国期東国の権力構造』荒川善夫・岩田書院
『戦国人名辞典』戦国人名辞典編集委員会編・吉川弘文館
『戦国武将合戦事典』峰岸純夫／片桐昭彦編・吉川弘文館
『戦国武心伝』歴史群像編集部編・学習研究社
『戦国合戦大全（上・下）』歴史群像編集部編・学習研究社
『戦国の世』今谷明・岩波書店
『戦国参謀　頭の使い方』小和田哲男・三笠書房
『早わかり戦国史』外川淳編著・日本実業出版社
『図解雑学　戦国史』源城政好編著・ナツメ社
『戦国時代（上・下）』永原慶二・小学館

『日本の歴史13　室町幕府』佐々木銀弥・小学館
『日本の歴史14　戦国の動乱』永原慶二・小学館
『日本の歴史15　織田・豊臣政権』藤木久志・小学館
『戦国武将ガイド』米沢二郎／小山内新・新紀元社
『時代考証事典』稲垣史生・新人物往来社
『戦国時代考証総覧』新人物往来社
『考証戦国武家事典』稲垣史生・新人物往来社
『戦国13人の名軍師』別冊歴史読本・新人物往来社
『戦国うら史談』山本律郎・新人物往来社
『戦国逸話事典』逸話研究会編・新人物往来社
『戦国人名事典』阿部猛／西村圭子編・新人物往来社
『戦国大名家臣団事典　東国編』山本大他編・新人物往来社
『戦国大名家臣団事典　西国編』山本大他編・新人物往来社
『軍師・参謀』小和田哲男・中央公論新社

著者略歴

榎本 秋《えのもとあき》

東京都生まれ。WEBプランニング、ゲーム企画、書店員を経て、現在は著述業。日本史・中国史のほか、ライトノベルについても造詣が深く、原稿執筆、講演、出版プロデュースなど幅広く活躍する。著書に『徹底図解 戦国時代』『徹底図解 三国志』(以上、新星出版社)、編著書に『ライトノベル データブック』(雑草社)、『はやわかり! ライトノベル・ファンタジー』(小学館)などがある。

幻冬舎新書 027

戦国軍師入門

二〇〇七年三月三十日 第一刷発行

著者 榎本秋

発行者 見城徹

発行所 株式会社 幻冬舎

〒一五一-〇〇五一 東京都渋谷区千駄ヶ谷四-九-七

電話 〇三-五四一一-六二一一(編集)

〇三-五四一一-六二二二(営業)

振替 〇〇一二〇-八-七六七六四三

ブックデザイン 鈴木成一デザイン室

印刷・製本所 図書印刷株式会社

Printed in Japan ISBN978-4-344-98026-6 C0295

え-2-1

幻冬舎ホームページアドレス http://www.gentosha.co.jp/

*この本に関するご意見・ご感想をメールでお寄せいただく場合は、comment@gentosha.co.jp まで。